m³ 372

HISTOIRE

DE LA

MAISON DE FORTIA.

HISTOIRE
DE LA
MAISON DE FORTIA,
ORIGINAIRE
DE CATALOGNE,
ÉTABLIE EN FRANCE
DANS LE QUATORZIÈME SIÈCLE;

OU L'ON TROUVERA QUELQUES DÉTAILS HISTORIQUES SUR LE ROYAUME D'ARAGON ET LES ANCIENS COMTES DE PROVENCE.

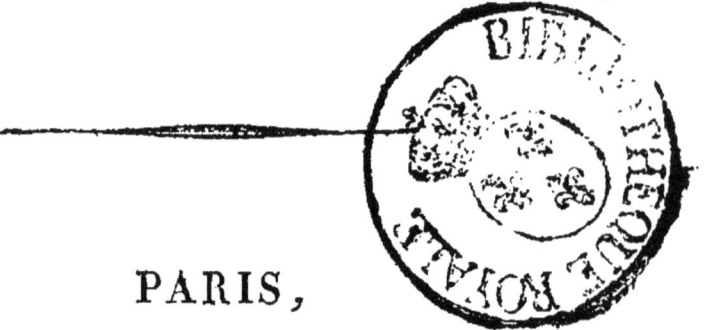

PARIS,

Chez Xhrouet, Imprimeur, rue des Moineaux, n°. 16;
Et à Avignon, chez les frères Séguin, Imprimeurs-Libraires.

1808.

HISTOIRE
DE LA MAISON DE FORTIA.

CHAPITRE PREMIER.

AVANT LE TREIZIÈME SIÈCLE.

Quelque opinion que l'on puisse avoir sur la noblesse, il est difficile de se refuser à une curiosité naturelle sur son origine. On aime à connaître les antiquités du monde, celles de son pays, celles de sa famille; et même l'histoire d'une famille étrangère à la nôtre n'est pas sans intérêt. Il est curieux d'observer le sort de plusieurs générations consécutives provenant d'une souche commune, d'étudier l'influence d'un père sur ses enfans, enfin d'examiner comment les fortunes particulières se forment, se conservent et se détruisent. On me permettra donc de m'occuper quelques instans de ma famille, qui est celle que je dois connaître le mieux, et qui a dû m'intéresser davantage. Comme elle paraît devoir s'éteindre avec ceux qui en portent aujourd'hui le nom, je ne puis, en la publiant, me proposer d'en retirer quelque avantage pour leurs descendans.

La maison de Fortia est une des plus anciennes de Catalogne. Elle a donné son nom à un château situé dans l'Ampurdan, petite province de Catalogne, sur les bords du golfe de Roses. Le royaume d'Aragon avait commencé l'an 1035, dans la personne de Ramire I, quatrième fils de Sanche III, dit le Grand, roi de Navarre (1). Mais l'Ampurdan n'en fesait point alors partie : il dépendait de la Marche d'Espagne ou de Barcelone (2), dont le comte Raimond-Bérenger I mourut le 27 mai 1076. Raimond-Bérenger II, dit Tête-d'Etoupe, et Bérenger-Raimond II, ses deux fils, après quelques démêlés sur la succession de leur père, partagèrent le comté de Barcelone, avec les autres domaines de ce prince situés

---

(1) L'Art de vérifier les dates, par un Bénédictin. Paris, 1783, t. 1, p. 740.

(2) Le comté d'Ampurias et de Péralada ou de Pierrelate était autrefois un des plus considérables de la Marche d'Espagne. On trouvera l'histoire des comtes d'Ampurias depuis l'an 812, dans la troisième édition de l'Art de vérifier les dates. Paris, 1784, t. 2, p. 338.

au-delà des Pirénées. Chacun d'eux se crut conséquemment autorisé à se qualifier comte de Barcelone ; mais Raimond - Bérenger prit seul le titre de comte de Carcassonne. Il fut surnommé Tête - d'Etoupe, parce qu'il avait reçu beaucoup de blessures à la tête. On vante sa bravoure et son amour pour ses peuples. L'an 1082, il fut assassiné par une troupe de scélérats entre Gironne et Saint-Saloni (1).

Son fils Raimond-Bérenger III (2) épousa en secondes noces, l'an 1112, Douce, fille et héritière de Gilbert, vicomte de Milhaud et de Gévaudan, et de Gerberge, comtesse de Provence, qui lui porta en dot ce comté (3).

Gerberge était fille de Geofroi I, comte de Provence, et d'Etiennète, comtesse d'Arles. Elle avait succédé à sa mère l'an 1100 au plutôt, à ce qu'il paraît. Ce ne fut en effet que depuis cette année que Gilbert, son époux, prit le titre de comte au lieu de celui de vicomte qu'il avait auparavant. Gilbert étant mort

---

(1) L'Art de vérifier les dates. Edition de 1770, page 742.

(2) *Id. Ibidem.*

(3) *Id.*, p. 743. Ferréras (Histoire générale d'Espagne. Paris, 1744, t. 3, p. 324) cite sur ce mariage le moine de Ripol.

vers l'an 1108, Gerberge prit en main le gouvernement, et son administration fut sage. Mais le 1er. février de l'an 1112, elle fit donation à Douce, sa fille, de presque tous les domaines dont elle jouissait en Provence, et de tous ceux qui avaient appartenu au comte Gilbert personnellement. Ce fut deux ans après qu'elle maria Douce à Raimond-Bérenger III, comte de Barcelone (1).

Dès l'an 1113, nouveau stile, Douce donna, par acte du 13 janvier, à Raimond-Bérenger son époux, tous les droits qu'elle avait tant du côté de son père que du côté de sa mère sur la Provence, le Gévaudan et ailleurs (2). Deux frères, seigneurs de Fortia, accompagnèrent ce Raimond-Bérenger lorsqu'il vint se mettre en possession de la Provence.

Cette possession ne fut nullement paisible. Raimond-Bérenger eut la guerre avec Alfonse-Jourdain, comte de Toulouse, touchant leurs prétentions respectives sur la Provence, le Gévaudan et autres domaines. Le premier assiégea, l'an 1123, le second dans Orange, où il s'était renfermé comme suzerain, et serra tellement

---

(1) L'Art de vérifier les dates, édition de 1784, t. 2, p. 436.

(2) *Id. Ibidem.*

la place, qu'il empêcha les vivres d'y entrer. Les Toulousains, instruits de la détresse de leur comte, accoururent à son secours, le délivrèrent et le ramenèrent en triomphe dans leur ville. La guerre continua, mais faiblement, entre ces deux princes. Enfin, le 16 septembre 1125, ils firent un accommodement par lequel ils partagèrent la Provence en deux parties à peu près égales. La Haute-Provence fut celle qui échut au comte de Toulouse. Ce pays, situé entre l'Isère au nord, les Alpes au levant, la Durance au midi, le Rhône au couchant, comprenait une grande partie du diocèse d'Avignon avec ceux de Vaison, Cavaillon, Carpentras, Orange, Saint-Paul-Trois-Châteaux, Valence et Die. Tous ces diocèses composaient ce qu'on appela depuis le Marquisat de Provence, et que les modernes ont quelquefois confondu avec ce qui fut nommé dans la suite le Comté Vénaissin, qui n'en est qu'une portion. La Basse-Provence, qui échut au comte de Barcelone, porta communément depuis le nom de Comté d'Arles ou de Provence. La ville d'Avignon fut aussi partagée entre les deux princes, ainsi que les châteaux du Pont-de-Sorgues, de Caumont, du Thor (1) et leurs

---

(1) Et non pas *de Tor*, comme écrit l'Art de vérifier les dates.

dépendances. Mais il paraît que Raimond-Bérenger céda sa part d'Avignon aux comtes de Forcalquier, qui, depuis ce tems en effet, ajoutèrent à leurs titres celui de comtes d'Avignon. Le traité de 1125 renfermait, de plus, un pacte de succession réciproque au défaut de postérité dans l'une ou l'autre maison (1).

Le comte de Toulouse n'était pas le seul prétendant à satisfaire. Gerberge, à qui Raimond-Bérenger devait une épouse et un assez vaste territoire, avait une seconde fille, Etiennète, qui ne pouvait rester sans apanage. Elle apporta en effet en dot quelques terres en Provence à Raimond de Baux, qu'elle épousa. Ces terres furent nommées Baussenques depuis leur union avec celles de la maison de Baux, déjà puissante avant ce mariage (2).

Raimond - Bérenger, comte de Barcelone, avait déjà une fille aussi d'âge à être mariée. Elle se nommait Bérengère, princesse distinguée à la fois par son mérite et par sa beauté. Don Alfonse, roi de Léon et de Castille, avait déjà atteint l'âge de vingt-deux ans l'an 1128. Se trouvant en parfaite union avec le

---

(1) L'Art de vérifier les dates, par un Bénédictin. Paris, 1784, t. 2, p. 436.
(2) *Id. Ibidem.*

roi d'Aragon et la reine de Portugal, sa tante, il songea à se marier et jeta les ieux sur Bérengère. Le roi d'Aragon fit la négociation, qui réussit aisément. Bérengère fut conduite à Saldagna, où les noces furent célébrées avec un grand concours de prélats et de noblesse, et à la satisfaction des peuples des deux États (1). Deux ou trois ans après un fils, appelé don Sanche, naquit de ce mariage (2).

Au mois de juillet 1130 (3), Raimond-Bérenger III fut atteint d'une maladie mortelle. Ce prince, qui avait étendu considérablement ses domaines, en fit le partage entre

---

(1) Histoire générale d'Espagne, traduite de Ferréras, par d'Hermilly. Paris, 1744, t. 3, p. 372 et 373. Il cite la Chronique de l'empereur don Alfonse.

(2) *Id.*, p. 381.

(3) Cette date est donnée par l'Histoire générale de Languedoc. Paris, 1733, t. 2, p. 407, et l'auteur qui est très-exact cite ses garans. Son opinion a été adoptée par l'Art de vérifier les dates. Cependant l'Histoire de Ferréras, p. 383, place la mort de Raymond sur la fin de juillet 1131, et cite aussi ses garans, différens de ceux de l'Histoire de Languedoc. Je serais porté à préférer leur témoignage, si je n'avais reconnu que Ferréras n'était pas aussi habile chronologiste que dom Vaissète.

ses deux fils le 8 de ce mois par un testament, suivant lequel (1) il nomme, pour ses exécuteurs testamentaires, Aimeri II, vicomte de Narbonne, son frère utérin, l'archevêque de Tarragone, les évêques de Gironne et d'Ausonne, et huit de ses principaux vassaux. Il donne à Raimond-Bérenger, son fils aîné, qui fut le quatrième de son nom, les comtés de Barcelone et de Tarragone, avec tout ce qu'il possédait dans les *Marches* d'Espagne; savoir, les comtés et évêchés d'Ausonne et de Gironne, la *domination* ou suzeraineté qu'il avait sur Pierrelate (2); les comtés de Bésalu, de Valespir, de Fenouillèdes, de Pierre-Pertuse, de Cerdagne et de Conflant; le comté et l'évêché de Carcassonne, et enfin le comté de Rasez et toutes leurs dépendances. Il laisse à Bérenger-Raimond, son fils puîné, le comté de Provence avec tout ce qu'il possédait dans ce pays, soit archevêchés, soit évêchés, abbayes, etc.; tout le domaine qu'il avait dans le Rouergue, le Gévaudan, et le pays de Carlat

---

(1) *Marc. Hisp.*, p. 1271 et suivantes.

(2) Le Pierrelate dont il est ici question, est situé en Espagne, à peu de distance de la ville de Roses. Voyez la carte du royaume et du duché de Septimanie, en tête du tome 2 de l'Histoire générale de Languedoc.

avec ses dépendances, les villes, archevêchés, évêchés, etc.; à condition qu'il mariera honorablement ses sœurs, de l'avis des archevêques, des évêques et des grands (*magnatum*) de Provence. Il substitue ses deux fils l'un à l'autre, et déclare invalide l'aliénation qu'ils pourraient faire de leurs domaines avant d'avoir atteint l'âge de vingt-cinq ans. Il veut enfin que, si ses deux filles de Castille et de Foix reviennent dans ses Etats après la mort de leurs époux, son fils aîné les marie et les dote de son propre bien, avec le conseil de ses principaux vassaux, et, qu'en attendant, celle de Castille fasse son séjour à Lagostère, et celle de Foix à Rives. Il substitue enfin la première à l'aîné de ses deux fils, supposé que le puîné vînt à décéder, et toutes les autres filles conjointement, à ce dernier (1).

Six jours après, Raimond-Bérenger III, par un acte (2) daté conséquemment du 14 juillet 1130, dans lequel il se qualifie comte et marquis de Barcelone et de Provence, s'offrit pour chevalier « aux frères de Sainte-Marie du Tem-

---

(1) Histoire générale de Languedoc, par deux Bénédictins. Paris, 1733, t. 2, p. 407.

(2) *Diag. cond. de Barcel.*, l. 2, c. 115. Marten., *coll. ampliss.*, t. 1, p. 705. et suivantes.

» ple de Salomon », entre les mains d'Hugues Rigaldi, l'un d'entr'eux. Il promit de leur rendre obéissance, « et de vivre sans propre sous » leur ordre »; en sorte qu'il embrassa dès-lors l'institut des Templiers. Il leur donna, du consentement de son fils aîné Raimond, un château sur la frontière des Sarasins, prononça ses vœux, et pria ses confrères de lui accorder après sa mort le même secours qu'ils donnaient à leurs autres frères. Cet acte est souscrit, comme le testament précédent, par Aimeri II, vicomte de Narbonne.

Le comte de Barcelone ne survécut pas long-tems à sa profession, et mourut à la fin du même mois de juillet, âgé de quarante-huit ans, après s'être rendu célèbre (1) par la sagesse de son gouvernement, sa piété, sa générosité et ses exploits contre les Maures d'Espagne. Il fut inhumé, comme il l'avait ordonné par son testament, dans l'abbaye de Ripol (2). Le vicomte de Barcelone, son frère, demeura quelque tems à Barcelone après sa mort pour faire exécuter sa dernière volonté (3).

---

(1) *Marc. Hisp.*, p. 491 et 546.
(2) *Id.*, p. 46.
(3) Histoire générale du Languedoc, t. 2, p. 407. Elle cite *Diag. cond. de Barcel.*, l. 2, c. 115.

Ce fut ainsi que Raimond-Bérenger III, comte de Barcelone, et Ier. comme comte de Provence, eut pour successeur d'une partie de ses Etats son fils Raimond-Bérenger IV, à qui le royaume d'Aragon échut l'an 1137 par son mariage ou plutôt ses fiançailles avec Pétronille, fille du roi Ramire le Moine, princesse qui n'avait alors que deux ans (1).

Bérenger-Raimond, second fils de Raimond-Bérenger III, né vers l'an 1116, succéda à son père au comté d'Arles, ainsi que dans les vicomtés de Milhaud, de Gévaudan et de Carlat. Il fut troublé dans sa possession par Raimond de Baux, qui, ayant épousé Etiennète, sœur de Douce, comme je l'ai déjà dit, prétendait avoir acquis, par cette alliance, des droits sur la Provence. Cette guerre, qui fut longue, partagea toute la noblesse du pays (2). Bérenger-Raimond n'en vit pas la fin. Il avait eu les Génois pour alliés lorsqu'elle commença; mais dans la suite il se les aliéna par les prises qu'il fit sur eux en mer. Au commencement de l'an 1144, s'étant embarqué pour aller visiter Guil-

---

(1) L'Art de vérifier les dates. Paris, 1770, p. 743.

(2) La ville d'Avignon en profita pour se rendre indépendante, vers l'an 1134. Voyez le chapitre suivant, sous l'an 1214.

laume VI, seigneur de Montpellier, qu'il avait secouru contre ses vassaux révoltés, il fut attaqué dans le port de Melgueil par une galère génoise, et tué d'un coup de flèche par un arbalétrier. Il fut enterré à la commanderie de Trinquetaille (1).

Dès l'an 1135, il avait épousé Béatrix, fille et héritière de Bernard IV, comte de Melgueil, dont il laissa un fils appelé Raimond-Bérenger II, surnommé le Jeune, sans doute pour le distinguer de son oncle qui portait les mêmes noms, Raimond-Bérenger IV, comte de Barcelone. Le neveu succéda à tous les Etats que son père avait possédés; mais comme il était en bas-âge, il fut mis sous la tutelle de l'oncle. Le comte de Barcelone emmena cet enfant à sa cour, où il fut élevé sous ses ieux, et continua la guerre contre la maison de Baux, sur laquelle il remporta plusieurs avantages (2). Les descendans des deux frères de Fortia, dont j'ai déjà parlé, furent engagés dans cette querelle, qui continuait de partager les gentils-hommes de Provence.

Raimond-Bérenger IV étant venu en Pro-

---

(1) L'Art de vérifier les dates, par un Bénédictin. Paris, 1784, t. 2, p. 436.
(2) *Id., Ibidem.*

vence, reçut à Tarascon, dans le mois de février 1146, au nom de son pupille, le serment de fidélité des Etats, qui lui donnèrent le titre de marquis de Provence, qu'il conserva toute sa vie. Cependant Raimond de Baux persistait dans ses prétentions sur la Provence ; et cette même année il en obtint l'inféodation, le 10 août, de l'empereur Conrad III, comme roi d'Arles. Le comte de Barcelone irrité, reprit la guerre contre lui, entra dans la ville d'Arles, qui, accoutumée à obéir aux empereurs, s'était déclarée en faveur de Raimond de Baux, la fit démanteler, et se rendit maître ensuite de la plupart des places appartenantes à la maison de Baux (1).

Raimond, atterré par ces revers, fit exprès le voyage de Barcelone pour aller demander la paix. Il l'obtint, l'an 1148, en renonçant pour lui et pour les siens à tous les droits qu'il prétendait avoir sur la Provence, et en fesant hommage de ses terres au comte. Ravi de cette démarche, Raimond-Bérenger lui confirma le don que ses aïeux avaient fait du château de Trinquetaille à la maison de Baux. Il était sur le point de cimenter cette réconciliation par

---

(1) L'art de vérifier les dates, par un Bénédictin. Paris, 1784, t. 2, p. 436.

d'autres bienfaits, lorsqu'il apprit la mort de Raimond. A cette nouvelle, craignant que Hugues de Baux, fils aîné de Raimond, ne voulût pas tenir le traité fait avec son père, il passe en Provence; et par son arrivée imprévue, l'an 1150, il oblige Hugues, Etiennète sa mère et ses frères, à ratifier l'hommage que Raimond avait fait à lui et à son neveu. Mais Etiennète n'avait pas oublié qu'elle était la sœur de Douce, la tante du comte de Barcelone et de son neveu, qui tenaient leurs droits d'une source commune; il était naturel qu'elle fût humiliée et qu'elle communiquât ces sentimens à son fils. Las de se voir réduit au niveau des autres vassaux, Hugues, au bout de quelques années, pense à secouer le joug. Ayant fait confirmer, l'an 1155, par l'empereur Frédéric I, l'inféodation accordée par Conrad à son père, il renouvelle ses prétentions. Le sort des armes qu'il employa ne lui fut pas favorable. Le comte de Barcelone lui prit, dans le cours des années 1159 et 1160, le château de Baux et trente autres petites places (1).

Arles continuait cependant de respecter l'empereur et de se tenir attachée au parti

---

(1) L'Art de vérifier les dates, par un Bénédictin. Paris, 1784, t. 2, p. 436 et 437.

qu'il favorisait. Raimond-Bérenger IV trouva une si grande résistance au siége de Trinquetaille, qu'il fut obligé de se retirer. Voyant alors qu'il fallait joindre aux opérations militaires les manœuvres de la politique, il s'avisa d'un expédient : ce fut de faire épouser au comte, son neveu, l'an 1162, Richildé, nièce de l'empereur, afin d'ôter l'appui de ce prince à Hugues de Baux. Richilde, fille d'Uladislas II, roi de Pologne, et de Christine, sœur de Frédéric, était alors veuve d'Alfonse VIII, roi de Castille. L'empereur, en considération de ce mariage, révoqua l'inféodation qu'il avait faite en faveur d'Hugues de Baux, et accorda le 15 septembre, à Raimond-Bérenger le Jeune, la propriété de la Provence depuis les Alpes jusqu'au Rhône (*ab Alpibus ad Rhodanum*), avec l'inféodation du comté de Forcalquier, moyennant une redevance annuelle de quinze marcs d'or au poids de Cologne envers l'Empire, sans compter plusieurs autres sommes une fois payées, savoir, à Frédéric douze mille marobolins, monnaie espagnole, dont seize fesaient le marc, à l'impératrice deux mille, et mille à la cour impériale. Frédéric obligea de plus les deux comtes à reconnaître son antipape Victor; et enfin, comme il était extrêmement jaloux de faire respecter son autorité, il mit dans le traité que, lorsqu'il viendrait en Provence, il y serait reçu avec tous les honneurs dus à un souverain (1).

Le comte de Barcelone et le comte de Provence reprirent alors le siége de Trinquetaille, dont ils se rendirent maîtres à la fin et qu'ils firent raser. Le premier survécut peu à cette expédition; il mourut au bourg de Saint-Dalmace, près de Gênes, le 6 août 1162, dans un voyage qu'il fesait avec le comte, son neveu, pour aller trouver l'empereur à Turin. Le jeune Raimond-Bérenger étant arrivé dans cette ville après la mort de son oncle, y reçut de Frédéric l'investiture de ses Etats. A son retour, il éprouva des contradictions. Nice, voulant s'ériger en république, refusa de le reconnaître. Cette révolte le détourna de la guerre qu'il se proposait de faire au comte de Forcalquier: il tourna ses armes contre Nice; mais il périt au siége de cette place vers la fin de l'an 1166, ne laissant qu'une fille en bas-âge appelée Douce (2).

Douce, fille unique et héritière de Raimond-Bérenger II, avait été promise par son père à

---

(1) L'Art de vérifier les dates, par un Bénédictin, Paris, 1784, t. 2, p. 437.

(2) Id., *Ibidem*.

Raimond, fils de Raimond V, comte de Toulouse. Ce dernier, après la mort de Raimond-Bérenger II, se saisit de la Provence ; et pour affermir davantage son usurpation, il épousa Richilde, mère de Douce. Alfonse II, roi d'Aragon, fils de Raimond-Bérenger IV, comte de Barcelone, et conséquemment cousin de Douce, n'apprit pas ces nouvelles avec indifférence. L'an 1167, il arrive à la tête d'une armée en Provence, d'où il chasse le comte de Toulouse, après avoir repris Arles, occupée par les seigneurs de Baux, que le Toulousain avait mis dans ses intérêts. Alfonse alors se comporte, non comme protecteur de Douce, mais comme propriétaire de la Provence. L'an 1168, au mois de décembre, il donne ce comté à son frère Raimond-Bérenger III, pour le tenir de lui en *commende*, et à condition de le lui rendre quand il en serait requis. Il lui donne aux mêmes conditions le vicomté de Gévaudan. Douce, retirée chez Béatrix de Melgueil, son aïeule, y mourut l'an 1172 avec le titre de comtesse, dont elle n'avait fait nul exercice (1).

L'an 1174 Henri II, roi d'Angleterre, con-

---

(1) L'Art de vérifier les dates, par un Béuédictin. Paris, 1784, t. 2, p. 437.

voque une cour plénière à Beaucaire, dans la vue d'y négocier la paix entre le roi d'Aragon, comte de Provence, et le comte de Toulouse. Ni l'un ni l'autre des deux monarques ne s'y trouvèrent. Il y vint cependant une grande foule de seigneurs et de chevaliers de Provence et d'autres provinces voisines, que le désir d'étaler leur magnificence et leur galanterie y attira. Le comte de Toulouse y fit présent de cent mille sous (20,400 livres d'aujourd'hui) à Raimond d'Agoût, seigneur provençal, qui les distribua aussitôt à dix mille chevaliers. Bertrand Raimbaud voulut signaler son opulence par un trait plus singulier : il fit labourer les environs du château de Beaucaire, et y fit semer ensuite jusqu'à trente mille sous en deniers. Guillaume Gros de Martel, qui avait trois cens chevaliers à sa suite, fit apprêter tous les mets de sa cuisine avec des flambeaux de cire. La comtesse d'Urgel y envoya une couronne estimée quarante mille sous. Raimond de Venous, voulant enchérir sur tous les autres, termina la fête par un spectacle qui ne servit qu'à prouver qu'il était le plus insensé de la troupe. Ayant fait amener trente de ses chevaux, il les fit brûler devant toute l'assemblée (1).

---

(1) Gaufrid. Vosien, p. 321 et suivantes.

Enfin le roi d'Aragon, retenu jusqu'alors en Espagne par une guerre contre le roi de Navarre, termina ses différends avec ce prince l'an 1176, et passa en France la même année (1). L'entrevue d'Alfonse II et du comte de Toulouse eut lieu le 18 avril dans l'île de Gernica, qui fait présentement la partie basse de Tarascon. Par le traité de paix que l'on y conclut d'après la décision de quatre arbitres, du nombre desquels étaient Guillaume de Sabran et Raimond d'Agoût, le comte de Toulouse céda au roi d'Aragon, pour la somme de trois mille marcs d'argent, tous les droits qu'il prétendait, 1°. sur le comté de Provence de la manière qu'il était échu à Raimond-Bérenger, comte de Barcelone ; 2°. sur les vicomtés de Milhaud, de Gévaudan et de Carlat (2).

Alfonse II, au mois de juin suivant, marche avec ses deux frères à la tête d'une armée, pour venger sur la ville de Nice la mort de Raimond-Bérenger le Jeune, dont il venait de s'assurer l'héritage. Mais s'étant laissé fléchir

---

(1) Histoire générale d'Espagne, traduite de Ferréras par d'Hermilly. Paris, 1744, t. 3, p. 497.

(2) Histoire générale de Languedoc, par un Bénédictin (dom Vaissète). Paris, 1737, t. 3, p. 41.

par la soumission que les députés des habitans lui vinrent faire sur les bords du Var au mois de juin, il leur pardonna moyennant une somme d'argent et le serment de fidélité qu'ils lui prêtèrent (1).

L'empereur Frédéric étant arrivé lui-même sur les lieux l'an 1178, confirma les droits d'Alfonse, et rétablit les siens propres en se fesant couronner roi de Provence avec l'impératrice sa femme et Philippe leur fils, le 30 juillet, dans la cathédrale d'Arles. Alfonse fit revivre, cette même année, l'inféodation du comté de Forcalquier, que Frédéric avait accordée à Raimond-Bérenger le Jeune, et força le comte Guillaume à lui en rendre hommage. La fin de Raimond-Bérenger III fut tragique et ne répondit point à tous ces heureux événemens. Ce prince et son frère étant passés en Languedoc l'an 1180, étaient occupés à y affermir et accroître leur autorité par la voie des armes. Plusieurs seigneurs avaient déjà reconnu leur suzeraineté, lorsque Raimond-Bérenger fut tué dans une embuscade avec Gui de Sévérac, près de Montpellier, le 5 avril, jour

---

(1) L'Art de vérifier les dates, par un Bénédictin. Paris, 1784, t. 2, p. 437.

de Pâque 1181, par Aimar, fils de Sicard, seigneur de Melgueil (1).

Alfonse, à cette nouvelle, va faire le siége de Melgueil, prend la place, rase le château, et passe au fil de l'épée tous les habitans qui ont le malheur de tomber entre ses mains. A Raimond-Bérenger III, ce prince substitua son autre frère Sanche dans le comté de Provence. Alfonse le lui ayant retiré vers l'an 1185 pour le donner à son fils puîné, de même nom que lui, et conséquemment appelé Alfonse II en Provence, dédommagea Sanche par le don du comté de Roussillon et de Cerdagne (2).

Boniface II, baron de Castellane, ayant dans sa directe un très-grand nombre de fiefs, prétendait tenir sa terre en souveraineté. Sommé par le roi Alfonse de lui rendre hommage, ou plutôt à son fils Alfonse II, il répondit que ses ancêtres avaient conquis sa baronie sur les Sarasins, et que les empereurs, en qualité de rois d'Arles, leur en avaient confirmé la possession sans les assujétir à aucune autre dépendance que de relever entièrement d'eux. Al-

---

(1) L'Art de vérifier les dates, par un Bénédictin. Paris, 1784, t. 2, p. 437.
(2) Id., p. 437 et 438.

fonse, nullement satisfait de cette réponse, employa pour la réfuter la force des armes, contre laquelle les droits ne sont rien. Après une guerre que Boniface n'etait pas en état de soutenir, et qui lui fut fatale, ce baron fut obligé, l'an 1189, de faire hommage de toutes ses terres au comte de Provence. Les comtes de Forcalquier et les princes d'Orange eurent le même sort : tous devinrent vassaux de celui qu'ils traitaient d'égal auparavant (1).

Alfonse II, qui gouvernait la Provence sous les ordres de son père depuis l'an 1185, épousa, l'an 1193, Gersende de Sabran, petite-fille et héritière de Guillaume, dernier comte de Forcalquier. Guillaume, en la mariant, lui fit donation de son comté, dont il se réserva seulement l'usufruit. Cette acquisition était importante pour le jeune prince, qui, trois ans après, eut le malheur de perdre son père. Le roi Alfonse mourut le 25 avril 1196 (2). Par ses dispositions testamentaires, son fils aîné don Pèdre succéda à la couronne d'Aragon et fut proclamé roi à Daranca, après avoir juré de maintenir les priviléges du

---

(1) Histoire littéraire des Troubadours, t. 2, p. 35.
(2) L'Art de vérifier les dates, par un Bénédictin. Paris, 1784, t. 2, p. 438.

royaume : il eut pour lui tout l'Aragon, la Catalogne et le Roussillon; Alfonse II conserva le comté de Provence. Un troisième fils, don Ferdinand, fut abbé de Monte-Aragon (1).

On voit que la Catalogne et la Provence étaient gouvernées par des souverains espagnols. Il est donc vraisemblable que les familles espagnoles, telles que celle de Fortia, passaient facilement d'un pays à l'autre. On l'a vue se distinguer en Provence; on va la voir dans le treizième siècle combattre à la fois en Espagne et en Provence : car les talens militaires étaient alors presque le seul titre qui rendit un nom recommandable dans l'histoire.

CHAPITRE SECOND.

Histoire de la famille de Fortia pendant le treizième siècle.

On ne doit pas s'attendre, sous cette époque, à trouver de grands détails sur la famille de Fortia. A peine pouvons-nous y suivre la trace des maisons souveraines. Je m'occuperai ici

---

(1) Histoire générale d'Espagne, traduite de Ferréras par d'Hermilly. Paris, 1744, t. 3, p. 529.

de celles qui, sorties de Catalogne, gouvernaient alors non-seulement la Catalogne, mais encore l'Aragon et la Provence. On verra que le nom de Fortia se trouve mêlé dans toutes les deux.

Alfonse II, resté sans l'appui de son père, eut plus de peine à gouverner la Provence. Son beau-père, ou du moins l'aïeul de sa femme, Guillaume de Forcalquier, fut mécontent de lui, et révoqua une partie de la donation qu'il lui avait faite, en faveur de Béatrix, sœur de son épouse Gersende, qu'il maria avec André de Bourgogne, dauphin de Viennois. Guerre à cette occasion entre Alfonse et Guillaume. Le comte de Toulouse vint au secours du dernier. Alfonse appela son frère don Pèdre, roi d'Aragon. Ce prince, étant venu en Provence, négocia un traité de paix qui fut conclu dans les derniers jours de l'an 1202 (1).

Don Pèdre, venu en France pour son frère, s'y occupa ensuite de ses propres intérêts. Il avait voulu épouser l'infante de Navarre, et n'y avait pas réussi. Il songea à une autre alliance. L'envie d'agrandir ses Etats lui fit jeter les ieux sur Marie, fille de Guillaume, comte

---

(1) L'Art de vérifier les dates, par un Bénédictin. Paris, 1784, t. 2, p. 438.

de Montpellier, et d'Eudoxie (1), qui devait le jour à Manuel Comnène, empereur de Constantinople. Quoiqu'il n'ignorât point qu'elle avait été mariée avec le comte de Comminges, de qui elle avait eu deux filles, il n'y eut aucun égard, parce que son mariage avait été déclaré nul pour avoir été contracté du vivant de la femme légitime du comte. Ce fut la raison qu'il en donna, et l'on ne peut disconvenir qu'elle ne fût plausible; mais l'histoire l'accuse de s'être déterminé par la seule considération que Marie était héritière du comté de Montpellier. Nous avons encore le contrat où la dot et le douaire sont stipulés (2).

Ce fut cette même année 1204 que la France vit naître dans son sein l'hérésie des Albigeois qui déchira l'Eglise chrétienne et qui coûta tant de sang (3). Les troubles religieux sont ordinairement accompagnés de querelles politiques. En effet, malgré le traité de paix con-

---

(1) D'Hermilly écrit *Euxodie*, et se trompe. Consultez l'Art de vérifier les dates, t. 2, p. 324, qui donne le nom du père d'Eudoxie. Voyez-y les détails de ce mariage.

(2) Catel le donne livre 4; et d'Acheri t. 8, p. 216. Histoire générale d'Espagne, par Ferréras, traduite par d'Hermilly. Paris, 1744, t. 4, p. 7. J'ai corrigé la traduction qui est fautive.

(3) D'Hermilly, *Ibidem*, p. 9.

B

clu par don Pèdre, la Provence fut bientôt agitée par de nouvelles dissensions. Le comte de Forcalquier ayant assemblé quelques troupes, enleva par surprise le comte Alfonse II, et l'enferma dans un château, afin de l'obliger à lui céder les places qu'il réclamait. A cette nouvelle le roi don Pèdre, résolu de châtier l'audace du comte de Forcalquier et de délivrer son frère, manda ses troupes d'Aragon et de Catalogne. Dès qu'elles furent arrivées, il les réunit à celles qui étaient déjà en Provence, et marcha à la recherche du comte de Forcalquier, qui n'osa tenir la campagne contre lui. N'ayant donc point d'ennemis en tête, il alla assiéger le château où son frère était renfermé, le prit, et remit Alfonse en liberté. Il fit ensuite de grands dégâts sur les terres de son ennemi; mais il paraît que la paix fut de nouveau rétablie par la médiation de quelques prélats et seigneurs (1).

La satisfaction qu'en dut ressentir don Pèdre augmenta trois ans après par la naissance d'un fils que lui donna Marie de Montpellier le

---

(1) Histoire générale d'Espagne, par Ferréras, traduite par d'Hermilly. Paris, 1744, t. 4, p. 9 et 10. L'auteur cite le moine de Ripol, celui de Saint-Jean de la Pégna, et d'autres.

1ᵉʳ. février 1208, et qui fut appelé don Jayme ou Jacques I (1).

Alfonse II, comte de Provence, conduisit l'an 1209, en Italie, Constance sa sœur, veuve d'Eméric, roi de Hongrie, pour lui faire épouser Frédéric, roi de Sicile. Il mourut dans ce voyage, à Palerme, sur la fin de février de la même année (2), laissant un fils âgé de onze ans, qui lui succéda sous le nom de Raimond-Bérenger IV dans les comtés de Provence et de Forcalquier, et une fille nommée Gersende qui fut mariée, selon Bouche, à Guillaume, vicomte de Béarn. D'autres prétendent que ce Guillaume épousa la veuve d'Alfonse (3).

Raimond-Bérenger était trop jeune pour gouverner par lui-même. Il fut mis sous la tutèle de son oncle don Pèdre II, roi d'Aragon, qui l'emmena à sa cour (4).

L'hérésie des Albigeois s'étant extrêmement accrue en France, on crut reconnaître la né-

---

(1) La date de cette naissance est fixée par l'Histoire de Languedoc, note 14 du t. 3. Ferréras, qui la place en 1207, n'est pas à beaucoup près aussi exact.

(2) Papon, Histoire de Provence.

(3) L'Art de vérifier les dates, par un Bénédictin. Paris, 1784, t. 2, p. 438.

(4) Id. *Ibidem*.

cessité d'employer la force des armes pour en arrêter les progrès et réprimer ces sectaires : on publia donc par ordre du pape une croisade contre les hérétiques, comme si la religion chrétienne eût dû prêcher autre chose que la paix. Beaucoup de seigneurs, principalement en France, s'étant joints avec leurs troupes pour cette guerre que l'on appelait sainte, on procéda cette même année 1209 à l'élection d'un général qui commandât toute l'armée catholique, afin que l'on pût agir avec plus de concert. Tous donnèrent leurs voix à Simon, comte de Montfort, dont le zèle, la valeur et l'expérience étaient connus ; et ce général assiégea cette année Carcassonne, où l'hérésie avait jeté de profondes racines. Sur-le-champ les habitans de cette place, dont le roi d'Aragon était suzerain, firent savoir leur état à ce prince, qui les encouragea à se bien défendre, et leur promit de marcher promptement à leur secours ; mais don Pèdre n'ayant pu leur tenir parole, et s'en étant tenu à une simple intercession en faveur de Raimond-Roger, vicomte de Carcassonne, son allié et son ami, il ne fut point écouté, et le comte de Montfort s'empara de la ville (1).

―――――

(1) Histoire générale d'Espagne, par Ferréras, tra-

La guerre contre les Albigeois continuant avec une extrême vivacité, les princes que l'on regardait comme leurs fauteurs n'étaient nullement ménagés. Les comtes de Toulouse, père et fils, auxquels le roi don Pèdre avait marié ses deux sœurs, ceux de Foix et de Béarn, sur qui les chrétiens avaient pris plusieurs places, comptant sur leur parenté avec le roi d'Aragon, demandèrent du secours à ce prince, et lui firent savoir qu'ils étoient perdus, s'il les abandonnait dans la conjoncture présente. Aussitôt le roi don Pèdre passa en France avec de bonnes troupes, et suivi d'une grande partie de la noblesse de son royaume, pour tâcher de mettre fin à cette guerre par quelques arrangemens. Rendu dans ce pays au commencement de l'année 1213, il ménagea entre les deux partis une suspension d'armes, et demanda d'avoir une conférence avec les légats du siége apostolique. On y consentit, et le roi réclama, au nom des comtes de Toulouse, de Comminges, de Foix et de Béarn, les lieux et places qu'on leur avait enlevés, attendu qu'ils étaient soumis au saint siége et prêts à

---

duite par d'Hermilly. Paris, 1744, t. 4, p. 19 et 20. J'ai fondu dans le texte la note du traducteur.

satisfaire l'Eglise de la manière qu'on l'exigerait pour les fautes qu'ils pouvaient avoir commises. Afin de mieux délibérer sur la réponse que l'on devait faire au roi, les légats lui dirent de leur donner ses demandes par écrit, et le monarque le fit par un mémoire en date du 15 janvier (1).

Après que les légats et les prélats qui assistèrent à cette guerre religieuse en eurent fait la lecture, tous jugèrent que le roi n'agissait que sur de fausses suppositions qu'il tenait pour autant de vérités, mais dont il n'était pas permis de douter à tous ceux qui avaient déjà éprouvé que toutes les protestations des comtes de Toulouse, de Foix et de Béarn n'avaient aucune ombre de sincérité, et ne tendaient qu'à leur procurer ce dont on les avait dépouillés. Tout bien réfléchi, ils crurent devoir rejeter les propositions du roi, et ils en donnèrent les motifs par écrit, afin de constater la bonté de leur cause. Sur leur refus, le roi don Pèdre envoya à Rome pour faire les mêmes instances auprès du pape. Sa sainteté ne s'éloigna point de ce que le roi désirait. Elle écrivit même à ce sujet à l'archevêque de Nar-

---

(1) Histoire générale d'Espagne, par Ferréras, traduite par d'Hermilly. Paris, 1744, t. 4, p. 46.

bonne et au comte Simon de Montfort. Ces derniers lui ayant répondu qu'on l'avait mal informé, et que les comtes de Toulouse, de Foix et de Béarn ne voulaient point cesser de favoriser les hérétiques, elle manda à l'archevêque de Narbonne, légat apostolique dans cette province, de convoquer une assemblée de prélats, afin de prendre une délibération plus mûre sur cette affaire. L'archevêque de Narbonne la tint à Lavaur, et tous les prélats furent d'avis que l'on ne devait point acquiescer aux demandes du roi. En conséquence, on fit savoir au pape ce que le comte de Toulouse et ses coalisés avaient fait, et le pontife écrivit ensuite au roi don Pèdre une lettre fort vive, quoique l'évêque de Ségorbe fût allé à Rome de la part du monarque avec un ecclésiastique ; il l'exhortait, entr'autres choses, à ne point embrasser les intérêts du comte de Toulouse et de ses alliés, ajoutant que, s'il le fesait contre l'idée qu'il avait de sa catholicité, il emploierait contre lui les foudres du Vatican (1).

Don Pèdre, entièrement déchu de ses espérances, fit publier qu'il ne pouvait s'empê-

---

(1) Histoire générale d'Espagne, par Ferréras, traduite par d'Hermilly. Paris, 1744, t. 4, p. 46 et 47.

cher de défendre le comte de Toulouse, à cause de la parenté qu'il avait avec lui; il allégua d'autres raisons d'état en faveur des alliés de ce comte, et forma une armée nombreuse pour les remettre en possession de ce qu'ils avaient perdu. Enfin, après divers événemens que je passe sous silence (1), le roi don Pèdre, à la tête de ses troupes et de celles de ses alliés, alla se camper à la vue du château de Muret, défendu par une faible garnison, l'assiégea, et s'empara d'abord des faubourgs. Les assiégés firent aussitôt savoir leur état au comte Simon de Montfort, qui était à huit lieues de là dans un château ou une place appelée *Fanum Jovis* ou Fanjaux. Ce comte était déjà sorti de Fanjaux avec ses troupes pour mettre Muret en état de défense, sur ce qu'il avait appris que le roi don Pèdre avait dessein d'en faire le siége. Il reçut cet avis en chemin; ce qui fit que, doublant sa marche, il se jeta dans Muret, après avoir forcé les retranchemens du roi don Pèdre. Quand il y fut entré avec le secours, il résolut de faire

---

(1) On en trouvera le détail dans l'Histoire générale de Languedoc, par un Bénédictin. Paris, 1737, t. 3, page 236 et suivantes, livre 22, ainsi qu'à la note 17, p. 562 du même tome.

une sortie sur les ennemis le jour de l'Exaltation de la Sainte-Croix (1), pour la gloire de laquelle il combattait. Les soldats s'y étant préparés par les saints sacremens, il sortit à leur tête et fondit sur le roi don Pédre et ses alliés, qui s'étaient mis aussi en ordre de bataille. Il enfonça d'abord le premier corps de l'armée ennemie où était le comte de Foix avec les Catalans et d'autres troupes. Lui ayant passé sur le ventre, et ayant aperçu les enseignes d'Aragon, il s'avança vers cet endroit, persuadé que le roi y était, et chargea vigoureusement les troupes qu'il y rencontra. On montra de part et d'autre beaucoup d'animosité : mais le roi don Pèdre, fesant des prodiges de valeur, fut tué avec beaucoup de seigneurs aragonnais qui s'étaient rangés autour de lui. Sur le bruit de la mort de ce prince, qui se répandit bientôt, tous les gens de son parti perdirent courage, lâchèrent pié, et abandonnèrent le champ de bataille au comte Simon de Montfort. Celui-ci, pour

---

(1) Ce serait le 14 septembre, selon l'Art de vérifier les dates. Paris, 1783, t. 1, p. 65, ainsi que tous nos calendriers. Cependant l'Histoire générale de Languedoc, dans la note que je viens de citer, t. 3, p. 562, prétend prouver que la bataille de Muret, dans laquelle périt le roi don Pèdre, se donna le jeudi 12 septembre 1213.

rendre la victoire plus complète, poursuivit les fuïards, et massacra dans cette occasion autant d'ennemis qu'il en avait péri dans le combat; mais les comtes de Toulouse et de Foix furent assez heureux pour s'échapper par la vitesse de leurs chevaux (1).

Après que l'armée qui assiégeait Muret eut ainsi été dissipée, le comte Simon de Montfort permit aux Aragonnais et aux Catalans d'enlever le corps de leur roi. Il donna ordre aussi à Montpellier que l'on eût soin du prince don Jayme, fils de l'infortuné don Pèdre, dont la mort causa quelques troubles dans ses Etats. Les infans don Ferdinand, abbé de Montaragon, et don Sanche, comte de Roussillon, ne l'eurent pas plutôt apprise, qu'ils commencèrent à cabaler pour obtenir la couronne, ou du moins la tutèle de don Jayme, alors âgé de cinq ans. D'autres se déclarèrent pour leur légitime souverain, et parmi eux don Pèdre Fernandez d'Azagra, seigneur d'Albaraçin. Ceux-ci, qui avaient pour eux la plupart des villes, sollicitèrent le comte Simon de Montfort de leur livrer le jeune prince. Il paraît que le comte

---

(1) Histoire générale d'Espagne, traduite de Ferréras, par d'Hermilly. Paris, 1744. L'auteur cite ses garans auxquels il renvoie pour les particularités.

s'en excusa, sous prétexte d'un traité convenu avec le roi don Pèdre. Son refus réduisit don Pèdre Fernandez d'Azagra et les autres seigneurs et villes de son parti à recourir au pape, pour obtenir par son moyen ce qu'ils désiraient ; ils envoyèrent à Rome l'évêque de Ségorbe, dont le titre était celui d'évêque résident à Albaraçin, pour cette négociation. Le prélat s'acquitta de sa commission ; et comme la reine Marie de Montpellier, mère de don Jayme, était à Rome, le pontife manda à son légat Pierre de Mora, cardinal-diacre du titre de Saint-Ange, d'obliger le comte Simon de Montfort de rendre le prince don Jayme à ses sujets (1).

La mort de don Pèdre laissait aussi la Provence sans gouvernement, son neveu Raimond-Bérenger IV n'ayant que quinze ans en 1213. Gersende de Sabran, mère du jeune comte, se chargea de l'administration. Mais l'absence du prince occasionna de grands troubles dans le pays. Alix de Forcalquier et son fils Guillaume de Sabran firent valoir leurs prétentions sur le comté de Forcalquier, et prirent

---

(1) Histoire générale d'Espagne, traduite de Ferréras, par d'Hermilly. Paris, 1744, t. 4, p. 48 et 49. Voyez les citations dans le texte.

le titre de comte et comtesse de ce pays. D'un autre côté Guillaume de Baux, prince d'Orange, s'étant fait donner le titre de roi d'Arles, en 1214, par l'empereur Frédéric II, se mit en état de le soutenir par les armes. Les principales villes de Provence profitèrent de la confusion que ces querelles produisirent pour secouer le joug et s'ériger en républiques. Telles furent Arles, Aix, Marseille, Nice, Avignon (1). Il faut cependant observer que la république d'Avignon date de beaucoup plus loin, et que dès l'an 1134, c'est-à-dire quatre-vingts ans auparavant, cette ville avait secoué le joug des familles de Barcelone et de Toulouse, et avait donné l'exemple aux villes de Marseille et d'Arles, de connaître l'indépendance et de se gouverner en république nommée République à l'Impériale (2).

L'an 1214, le cardinal Pierre Bonaventure alla à Montpellier, en conséquence de l'ordre donné par le pontife l'année précédente, pour s'aboucher avec le comte Simon de Montfort : les Aragonnais et les Catalans, qui étaient les

---

(1) L'Art de vérifier les dates, par un Bénédictin. Paris, 1784, t. 2, p 438.

(2) Mémoires de l'Athénée de Vaucluse, 1804, p, 199.

plus intéressés dans cette négociation, y concoururent aussi. Après quelques débats, on convint que le comte Simon de Montfort remettrait le prince don Jayme entre les mains des Aragonnais et des Catalans. Cet accord ayant été exécuté, le jeune prince fut conduit dans son royaume, où il fut accompagné par le légat qui avait aussi ordre de s'y rendre, pour dissiper les troubles qui agitaient cette contrée. Arrivés à Lérida, on y tint l'assemblée des Etats, où assistèrent tous les prélats et seigneurs. Le cardinal-légat trouva le moyen, par sa prudence et son activité, d'y arranger tous les différends : il y fit reconnaître don Jayme pour roi, et il obtint de tous les assistans que l'éducation de ce jeune monarque serait confiée au grand maître du Temple, qui le garderait dans le château de Monçon avec tous les égards et les soins dus à son rang. On nomma pour son gouverneur don Sanche, son oncle, comte de Roussillon, auquel on donna deux collègues pour régler avec lui, l'un les affaires d'Aragon, et l'autre celles de Catalogne (1).

---

(1) Histoire générale d'Espagne, traduite de Ferréras, par d'Hermilly. Paris, 1744, t. 4, p. 53. L'auteur cite

Don Sanche, non content de tenir les rênes du gouvernement pendant la minorité de son neveu, aspirait à la couronne, et mettait tout en œuvre pour parvenir à ses fins. Le jeune roi, chez qui la pénétration et les lumières devançaient les leçons que donne l'expérience, s'aperçut de ses desseins : par le conseil du grand maître des Templiers, sous la garde duquel il était, il fit appeler don Pèdre Fernandez d'Azagra, afin de délibérer sur les moyens d'arrêter les entreprises criminelles de son oncle. Don Pèdre, qui était extrêmement attaché à son prince, fut d'avis qu'il n'y avait point de voie plus efficace pour y parvenir, que de faire proclamer don Jayme avec solemnité. En conséquence, les Etats furent convoqués pour le mois de septembre 1216 à Monçon, où concoururent au tems marqué don Asparague, archevêque de Tarragone, don Guillaume, évêque de Tarrazone, don Pèdre Fernandez d'Azagra, don Guillaume de Moncada, don Guillaume Cervéra, don Guillaume de Cardone, beaucoup d'autres seigneurs, et les députés des villes. On y proclama roi d'Aragon et comte de Barcelone le jeune prince

---

le moine de Ripol, celui de Saint-Jean de la Pégna, Zurita, Reynaud et d'autres.

don Jayme, et on lui prêta serment de fidélité, laissant le gouvernement de ses Etats au comte don Sanche son oncle, afin de prévenir tout sujet de troubles (1).

Ces dissensions n'étaient nullement favorables aux comtes de Toulouse et de Foix, qui, dépouillés de leurs Etats par le comte Simon de Montfort, passèrent en Aragon l'an 1217, pour solliciter le comte don Sanche et les grands de les aider à recouvrer leurs domaines. Le pape, informé de leurs démarches, écrivit sur-le-champ au roi don Jayme, et à tous les prélats et seigneurs aragonnais, de ne les favoriser en aucune manière, parce qu'ils étaient les principaux fauteurs des hérétiques de France. De là vint sans doute qu'il n'est point fait mention de troupes aragonnaises ou catalanes dans la guerre que l'on fit aux Albigeois cette année (2). Zurita dit qu'au contraire don Sanche, oncle de don Jayme et gouverneur du royaume, commença de lever des troupes pour s'emparer de la couronne, et que le roi en donna aussitôt avis à tous les seigneurs qui

---

(1) Histoire générale d'Espagne, traduite de Ferréras, par d'Hermilly. Paris, 1744, t. 4, p. 60. L'auteur cite une chronique, Zurita, et les historiens d'Aragon.

(2) Voyez la lettre d'Honorius III dans Reynaud.

lui avaient prêté le serment de fidélité. Ceux-ci rassemblèrent le plus de troupes qu'ils purent, et se rendirent avec elles à Monçon. Pour ôter au comte toute espérance, ils tirèrent de cette place le jeune roi, et le menèrent à Huesca sans rencontrer aucun obstacle : de là ils le conduisirent à Saragosse, où il fut reçu avec de grands témoignages de joie et beaucoup d'applaudissemens (1).

Tout cela se passait en 1217. Cette même année, Raimond-Bérenger IV, comte de Provence, qui entrait dans sa vingtième année, s'étant échappé de la tutèle suspecte de don Sanche, resté maître de sa personne après la mort du roi don Pèdre, arriva en Provence. Sa présence contint dans le devoir les villes qui ne s'étaient pas encore révoltées, et il arrêta les efforts de ceux qui lui disputaient ses Etats (2).

L'Aragon n'était pas aussi paisible. Un roi âgé de neuf ou dix ans ne pouvait en assurer la tranquillité. Les seigneurs voulaient, chacun en particulier, profiter de la docilité de

---

(1) Histoire générale d'Espagne, traduite de Ferréras, par d'Hermilly. Paris, 1744, t. 4, p. 68 et 69.

(2) L'Art de vérifier les dates. Paris, 1784, t. 2, p. 438.

cet enfant, pour assouvir leur ambition. Cependant, au mois de mai 1218, on traita d'accommodement par le canal des sujets les plus zélés du jeune prince, et il paraît que les esprits brouillons se soumirent volontiers. Bien plus, comme on craignait aussi qu'il ne se fît quelques mouvemens dans la Catalogne, le roi tint les États à Tarragone, où les Catalans lui prêtèrent serment de fidélité. Pour mettre entièrement fin à tous les troubles dont le principal auteur était le comte don Sanche, oncle du roi, on convoqua, pour le mois de septembre, une autre assemblée d'Etats à Lérida. Tous les prélats et seigneurs, tant d'Aragon que de Catalogne, y concoururent, et le comte don Sanche s'y trouva aussi en personne. Afin d'engager ce dernier à se dessaisir du gouvernement, on lui assigna des revenus considérables dans l'un et l'autre Etat, de sorte qu'il rendit l'hommage dû au roi. On fit ensuite plusieurs réglemens très-utiles, après quoi le monarque jura de ne point altérer la monnaie qui avait été battue à Jacca (1). L'année suivante, 1219, il tint aussi les Etats à Huesca,

---

(1) Histoire générale d'Espagne, traduite de Ferréras, par d'Hermilly. Paris, 1744, t. 4, p. 75. L'auteur cite la Chronique générale, Zurita et d'autres.

pour faire plusieurs réglemens utiles (1). On ne peut cependant lui en attribuer le mérite, à cause de son extrême jeunesse; mais on voit que, dès l'âge de onze ans qu'il avait alors, il était bien dirigé.

On comprend cependant qu'il ne pouvait gouverner entièrement par lui-même. Dès l'an 1220, malgré toutes les mesures que l'on avait prises en Aragon pour y faire régner la tranquillité, les grands y vivaient encore dans la mésintelligence. Don Rodéric de Lizana fit arrêter de sa propre autorité Loup d'Alvéro, avec qui il s'était brouillé, et l'enferma dans le château de Lizana. Les parens de celui-ci s'en plaignirent au roi don Jayme, qui, après avoir délibéré sur cette affaire dans son conseil, envoya ordre à don Rodéric de Lizana de relâcher sur-le-champ son prisonnier; mais don Rodéric n'en voulut rien faire. Sur son refus, le roi justement irrité, se mit en campagne à la tête de ses troupes, et se présenta devant le château. La place ayant été emportée de force, le roi rendit la liberté à Loup d'Alvéro, et mit en prison Pierre Gomez, qui

---

(1) Histoire générale d'Espagne, traduite de Ferréras, par d'Hermilly. Paris, 1744, t. 4, p. 80. L'auteur cite Zurita, dans ses Annales d'Aragon.

commandait dans le fort pour don Rodéric de Lizana. Ce dernier, pour ne pas s'exposer à être pris, était resté hors du château avec les personnes qui lui étaient le plus dévouées. Voyant que le roi s'était emparé de la forteresse, il se retira avec son monde à Albaraçin, pour se joindre à don Pèdre Fernandez d'Azagra, alors mécontent de ce même roi qu'il avait servi avec tant de zèle quelques années auparavant. Rodéric y fut bientôt suivi par le jeune monarque, qui assiégea Albaraçin avec son armée, dans l'espérance de punir ces deux rebelles ; mais don Pèdre Fernandez d'Azagra avait si bien fortifié cette place, qu'il rendit vains tous les efforts du jeune roi ; en sorte que don Jayme fut contraint de lever le siége et de s'en retourner avec ses troupes. Après cette campagne, le roi jugeant que, pour le bien de ses sujets, il était à propos qu'il se mariât, envoya une ambassade en Castille, pour faire la demande de l'infante dona Eléonor (1).

Son cousin Raimond-Bérenger IV, en Pro-

---

(1) Histoire générale d'Espagne, traduite de Ferréras, par d'Hermilly. Paris, 1744, t. 4, p. 83. L'auteur cite la Chronique générale, Zurita, et généralement tous les historiens d'Aragon.

vence, prit la même résolution. Au mois de décembre de l'an 1220, il épousa Béatrix, fille de Thomas, comte de Savoie. Fort de cette alliance, qui lui assurait un puissant secours, il travailla à réduire les villes qui voulaient secouer le joug de son autorité (1).

Dona Eléonor, recherchée au nom de don Jayme, était encore un meilleur appui ; elle était fille d'Alfonse VIII, roi de Castille, et sœur de dona Bérengère, reine de Léon, qui administrait cet Etat au nom de saint Ferdinand son fils. Aucune alliance ne pouvait être plus illustre, plus digne du jeune roi d'Aragon, et plus convenable au bien de sa monarchie. L'affaire ayant été réglée au gré des parties, la reine dona Bérengère, saint Ferdinand, et la reine dona Béatrix, épouse de Ferdinand, accompagnés de la principale noblesse de Castille, conduisirent dona Eléonor jusqu'à Agréda. Le roi don Jayme se rendit dans cette ville pour la recevoir, ayant à sa suite les évêques de Saragosse et de Huesca, le grand maître des Templiers et celui de l'ordre de Saint-Jean, don Nugnez Sanchez, cousin du roi, le sénéchal Guillaume de Mon-

---

(1) L'Art de vérifier les dates, par un Bénédictin. Paris, 1784, t. 2, p. 438.

cada, don Blascon d'Alagon, et beaucoup d'autres seigneurs. On y célébra les fiançailles à la grande satisfaction de tous les assistans, et les rois et reines ayant pris congé les uns des autres, don Jayme alla avec son épouse à Tarrazone. S'y étant armé lui-même chevalier dans l'église cathédrale, il y reçut la bénédiction nuptiale : il mena ensuite la nouvelle reine à Saragosse. Le jour de la célébration fut le 27 février 1221 (1).

Au mois de mars 1222, don Jayme tint les Etats à Daroca, où Gérard, comte d'Urgel, lui fit l'hommage ordinaire (2). Quelque tems après, la tranquillité fut troublée par don Nugnez Sanchez, cousin du roi, et par don Guillaume de Moncada, vicomte de Béarn : ces seigneurs passèrent de la grande amitié qui les unissait à une haine irréconciliable : tous deux prirent les armes, et chacun s'étant mis à la tête de ses amis et de ses sujets, ils commirent des hostilités mutuelles. Au bruit de ces désordres, le roi assembla ses troupes, et

---

(1) Histoire générale d'Espagne, traduite de Ferréras, par d'Hermilly. Paris, 1744, t. 4, p. 87 et 88. L'auteur cite la Chronique générale, le moine de Saint-Jean de la Pégna, Zurita et les autres historiens d'Aragon.

(2) *Id.* p. 90. Il cite Zurita, Abarca et d'autres.

envoya ordre aux deux adversaires de mettre bas les armes, avec menace de punir celui des deux qui refuserait d'obéir. Les chefs des deux partis cessèrent aussitôt leurs dégâts (1).

L'autorité du jeune prince ne fut pas aussi respectée l'année suivante 1223. L'ambition démesurée de l'infant Ferdinand, oncle de don Jayme, excita des troubles plus sérieux. Si ce prince n'aspirait pas à la couronne, il voulait du moins, à la faveur de la jeunesse du roi, tenir les rênes du gouvernement. Pour y réussir, il se ligua avec don Guillaume de Moncada, vicomte de Béarn, et avec don Pèdre Ahones, qui, sous prétexte de vouloir mettre les personnes sacrées du roi et de la reine à couvert de toute insulte, s'assurèrent des deux époux. Quoique le roi et les grands pénétrassent les vues de l'infant don Ferdinand, qui, par ce moyen, possédait seul tout le gouvernement du royaume, on fut contraint d'user de dissimulation, de crainte que l'Etat ne fût exposé à de plus grands maux (2).

---

(1) Histoire générale d'Espagne, traduite de Ferréras, par d'Hermilly. Paris, 1744; t. 4, p. 90 et 91. Il cite la Chronique générale de Zurita.

(2) *Id.*, p. 93. Il cite Zurita et les autres historiens d'Aragon.

Pour échapper à cette tirannie, don Jayme n'imagina rien de mieux que de s'assurer du zèle religieux de saint Ferdinand, qui fesait alors la guerre aux Maures. Il témoigna beaucoup d'ardeur pour terrasser les ennemis du nom chrétien, et convoqua les Etats à Tortose, afin de convenir de la manière et des moyens d'attaquer le roi de Valence. Au tems marqué, l'an 1225, tous les prélats et seigneurs d'Aragon et de Catalogne se rendirent à cette ville. Dès que tout eut été réglé, le roi s'échappa sans que l'infant don Ferdinand ni ses partisans s'en aperçussent, et se retira à Téruel, où il manda tous les seigneurs et généraux, pour entrer dans le royaume de Valence. Sur son invitation, tous accoururent à cette place. Le roi s'étant mis à leur tête, fondit sur les Etats de son ennemi, et assiégea Pégniscola, après avoir fait quelques dégâts dans les environs.

Cette ville est ainsi appelée, parce qu'elle est située sur une pointe de rocher escarpé en forme de piramide : elle est presque toute entourée de la mer et vis-à-vis l'île de Maïorque. Au bas du rocher, on voit une grande quantité de cavernes, avec une belle fontaine d'eau douce qui semble ne sortir de la terre que pour aller se précipiter dans la mer. La ville n'a qu'un mille de tour ; il est très-difficile d'y grimper à cause de sa hauteur escarpée et inaccessible, à la réserve de l'endroit où sont les maisons. La force de cette situation encouragea les assiégés, qui firent une vigoureuse défense. Quelques seigneurs, désespérant du succès, ou prévoyant que le siège devait durer long-tems, se retirèrent avec leur suite : don Jayme, affaibli par cette défection, fut contraint de décamper. Mais il annonça qu'il reviendrait bientôt avec de plus grandes forces (1).

Effrayé par cette menace, Abuzeit, roi de Valence, fit offrir au jeune prince de se reconnaître son vassal, et de lui payer tous les ans, en cette qualité, la cinquième partie de ses revenus. Ses propositions ayant été agréées, le traité fut signé de part et d'autre. Après cet accord, don Jayme commença à faire défiler ses troupes pour sortir des terres d'Abuzeit. Sur ces entrefaites, don Pèdre d'Ahones, frère de don Sanche, évêque de Saragosse, arriva avec ses troupes, et commit quelques hostilités dans le royaume de Valence. Le roi don Jayme lui fit dire de cesser le dégât,

---

(1) Histoire générale d'Espagne, traduite de Ferréras, par d'Hermilly. Paris, 1744, t. 4, p. 97.

à cause du traité qu'il avait fait avec le souverain de cet Etat; mais don Pèdre d'Ahones s'inquiéta peu de la défense de son prince, et continua de désoler le pays. Pour l'en empêcher, le roi don Jayme s'avança avec son armée; et voyant que sa présence n'avait servi qu'à lui faire prendre la fuite, il détacha quelques troupes à sa poursuite. Don Sanche Martinez de Luna l'atteignit, lui porta un coup de lance, et le tua. Le roi témoigna qu'il était très-sensible à ce malheur, et fit emporter le corps pour lui donner une sépulture honorable (1).

Comme don Pèdre d'Ahones était une personne de grande distinction, et avait beaucoup de partisans, la nouvelle de sa mort ne fut pas plutôt répandue, que ses parens et amis commencèrent à faire éclater leur ressentiment. Pour les réprimer, le roi alla avec ses troupes dans la province de Ribagorce, parce que c'était-là qu'ils avaient le plus de forteresses. Il assiégea Boléa; et pendant qu'il était devant cette place, don Ferdinand, son oncle, qui, par son esprit turbulent, était toujours prêt à saisir la moindre occasion de re-

---

(1) Histoire générale d'Espagne, traduite de Ferréras, par d'Hermilly. Paris, 1744, t. 4, p. 97 et 98.

muer, se ligua avec l'évêque de Saragosse, avec don Pèdre Coronel, et avec tous ceux de la famille d'Ahones. Tous ces confédérés attirèrent beaucoup de noblesse dans leur parti par leurs impostures, et firent soulever plusieurs villes sous le prétexte toujours si puissant de la défense de leur liberté; mais ils ne purent empêcher que plusieurs seigneurs ne demeurassent fidèles au roi (1).

Les rebelles parvinrent cependant à mettre sur pié une grande armée dès l'an 1226; ils engagèrent même don Guillaume de Moncada, vicomte de Béarn, à embrasser leurs intérêts. Au bruit de leurs préparatifs, le roi pourvut, par de bonnes garnisons, à la sûreté d'Almudovar et de Pertusa : il envoya aussi dans les environs de Saragosse quelques troupes d'élite, sous les ordres de don Blasco Alagon, et de don Artal de Luna. Ces deux seigneurs commirent de si grands désordres, que les habitans de Saragosse songèrent à chercher quelque remède à leurs maux. Sur ces entrefaites, don Sanche d'Ahones, qui ne pensait qu'à venger

---

(1) Histoire générale d'Espagne, traduite de Ferréras, par d'Hermilly. Paris, 1744, t. 4, p. 98. L'auteur cite la Chronique du roi don Jayme, Zurita, Abarca, et les autres historiens d'Aragon.

la mort de son frère don Pèdre, parut aussi dans le voisinage de cette place, à la tête d'un bon corps d'armée : mais don Blasco et don Artal, aussi braves qu'expérimentés, attendirent l'évêque de pié ferme; et fondant sur lui tout à coup, le battirent à plate-couture, lui tuèrent beaucoup de monde, et le contraignirent de prendre la fuite avec les débris de son armée (1).

Pendant que ces deux généraux répondaient si bien à l'attente de leur souverain, don Jayme marcha en personne avec le reste de ses troupes contre son oncle don Ferdinand et contre les autres villes qui s'étaient soulevées. Il attaqua d'abord Ponçano, située peu loin de Balbastro, entre l'occident et le septentrion; et après avoir soumis cette place, il alla insulter Cellas. Il était occupé à faire ce siège qui traînait en longueur, lorsque les habitans d'Huesca, le sachant si près d'eux, l'invitèrent à venir prendre possession de leur ville; ils pensaient avec raison que cette guerre ne tendait qu'à la ruine du royaume, et ils se flattaient que cette soumission volontaire serait récompensée par quelques avantages. Don Jayme, persuadé qu'il ne pouvait

---

(1) Histoire générale d'Espagne, traduite de Ferréras, par d'Hermilly. Paris, 1744, t. 4, p. 99 et 100.

mieux faire que de détacher les villes du parti des rebelles, entra dans Huesca, suivi de peu de personnes, sur la bravoure desquelles il comptait autant que sur la sienne. Par une suite aussi peu nombreuse, il voulait témoigner sa confiance aux habitans; mais cette démarche était dangereuse, et les rois ne peuvent la hazarder que bien rarement. Quoique ce procédé eût dû sur-le-champ lui concilier tous les esprits, le roi ne fut pas plutôt dans la ville, qu'il s'y éleva une sédition sanglante, dans laquelle lui-même courut les plus grands risques; mais étant remonté à cheval avec son monde, il se fit jour les armes à la main au milieu de ces ingrats et de ces perfides; il sortit de la ville et se retira à Pertusa, d'où il fit dire à don Guillaume de Cardone d'accourir promtement à son secours avec ses troupes. Ce seigneur obéit à l'instant; et don Jayme, rassuré par son arrivée, résolut de rester tranquille pour considérer le train que prendraient les affaires (1).

Il était dans cet état d'une prudente et sage inaction, lorsque les grands considérant qu'ils manquaient à la fidélité due à leur prince, et que tout ce qu'ils fesaient, c'était favoriser

---

(1) Histoire générale d'Espagne, traduite de Ferréras, par d'Hermilly. Paris, 1744, t. 4, p. 100.

l'ambition de l'infant don Ferdinand et travailler à la ruine de l'État, jugèrent d'eux-mêmes qu'ils devaient changer de conduite. Presque tous se rendirent auprès du roi qui les reçut favorablement, écoutant leurs excuses avec bonté et avec dignité. Il se flatta que les villes révoltées suivraient cet exemple : mais Saragosse, Huesca et Jacca, bien loin de s'y déterminer, se liguèrent entr'elles sous prétexte de se défendre et de seconder mutuellement leurs efforts contre les bandits, quoiqu'elles n'eussent réellement point d'autre dessein que de se maintenir contre le roi. Cependant après avoir bien réfléchi sur la difficulté de conserver leur indépendance, elles prirent aussi le parti de la soumission (1).

La Provence offrit cette année le spectacle d'une insurrection semblable suivie de malheurs beaucoup plus grands. Avignon avait adopté les opinions des Albigeois et se trouvait par là impliquée dans la proscription décernée contre ces hérétiques. Le 10 septembre 1226, le roi de France, Louis VIII, soumit cette ville après un

---

(1) Histoire générale d'Espagne, traduite de Ferréras, par d'Hermilly. Paris, 1744, t. 4, p. 100 et 101. L'auteur cite le roi don Jayme dans sa Chronique, Zurita et les autres historiens d'Aragon.

siège mémorable, commencé le 10 juin précédent. Les anciens écrivains varient beaucoup entr'eux sur les détails de cette expédition. Mais le meilleur parti à prendre est de s'en tenir à ce qu'a recueilli de leurs récits combinés le dernier historien de la Provence (1). Le comte de Toulouse possédait, par indivis, avec le comte de Provence, la seigneurie de la ville d'Avignon : mais elle n'obéissait dans le vrai qu'à son podestat (2). L'empereur Frédéric II la demanda au pape comme une dépendance de son royaume d'Arles, et n'en reçut que de vaines paroles. Le cardinal de Saint-Ange, légat du saint siège et chef de la croisade, se saisit du gouvernement d'Avignon, et y donna la loi. Le comte de Provence, Raimond-Bérenger IV, n'osant l'attaquer par la crainte des foudres de l'église, tourna ses armes contre les villes de

---

(1) M. Papon.

(2) C'est par un acte des nones de février 1226 que ce magistrat fut établi pour la première fois. Voyez les Mémoires pour servir à l'Histoire des propriétés dans le département de Vaucluse, page 101. Sur l'autorité de ces magistrats, voyez les Mémoires de l'Athénée de Vaucluse. Avignon, an 10, p. 200. On trouvera dans ce dernier ouvrage d'assez grands détails sur ce siège d'Avignon.

son comté, qui lui refusaient l'obéissance sous prétexte de ne relever que de l'empereur. La terreur qu'il imprima en soumit plusieurs dont les noms, à l'exception de Castellane, ne sont point venus jusqu'à nous (1).

Lorsque le calme eut été rétabli dans l'Aragon, le roi don Jayme pensa sérieusement à faire la guerre aux Mahométans de l'île de Maïorque, parce qu'ils infestaient les côtes de Catalogne. Il convoqua pour cet effet, l'an 1228, les États à Barcelone, où concoururent don Asparrague, archevêque de Tarragone, les évêques don Bérenger de Barcelone, don Guillaume de Gironne, don Guillaume de Vich, don Pèdre d'Urgel, don Bérenger de Lérida, don Ponce de Tortóse, et don Garcie de Huesca, avec un grand nombre d'abbés, et tous les principaux seigneurs aragonnais et catalans. On y résolut l'entreprise de la conquête des îles de Maïorque et de Minorque, on fixa le nombre de troupes que l'on y emploierait, et l'on régla tout ce qui concernait cette expédition. A cette occasion dona Aurembiasse, fille du dernier comte d'Urgel, se présenta devant le roi, pour

---

(1) L'Art de vérifier les dates, par un Bénédictin. Paris, 1784, t. 2, p. 438.

le prier de lui faire restituer le comté dont elle avait été frustrée par le comte don Gérard de Cabréra. Le roi, pour décider cette affaire en connaissance de cause, fit citer don Gérard; il y a apparence que celui-ci ne comparut point; de sorte qu'à son défaut, pour procéder selon toutes les règles de la justice, don Guillaume de Cardone prit la parole pour lui, et répondit à la demande de dona Aurembiasse. Quand on eut entendu les deux parties, le roi, après avoir recueilli les suffrages des seigneurs, des prélats et des jurisconsultes, jugea en faveur de dona Aurembiasse, et déclara qu'elle devait être remise en possession du comté d'Urgel. On notifia cette décision à don Gérard de Cabréra, qui, bien loin de s'y soumettre, chercha à conserver par la voie des armes ce que le tribunal de la justice lui avait ôté. Don Jayme qui ne pouvait souffrir une telle audace, assembla ses troupes, et entra à leur tête dans le comté d'Urgel, pendant que don Guillaume Raimond de Moncada mit de son côté les siennes sur pié en faveur de dona Aurembiasse sa parente. Le roi se présenta devant Balaguer, qui ne tarda pas à se rendre; et la comtesse n'eut pas plutôt paru devant Pons, que cette ville lui ouvrit ses portes. Enfin tout le comté se soumit à sa légitime souveraine, qui en fit hommage au roi, et lui jura de ne point se marier sans son agrément. Peu de tems après, don Jayme lui fit épouser don Pèdre, infant de Portugal, qui s'était retiré de Maroc en Aragon, à cause de son étroite parenté avec le roi (1).

Ce roi qui venait de donner une épouse à son parent, songeait à se séparer de la sienne. Il fit savoir au cardinal Jean, évêque de Sabine et légat du pape, qu'elle était sa parente au quatrième degré. Quoique l'infant don Alfonse fût sorti de ce mariage, le légat n'en jugea pas moins que cette consanguinité le rendait nul. Il traita de cette affaire avec don Jayme lui-même, la reine dona Bérengère, et saint Ferdinand. On convint de l'examiner dans un concile, composé d'évêques, tant d'Aragon que de la Castille, en considération de ce que dona Éléonor était née dans ce dernier pays. Ainsi, au mois d'avril 1229, on vit concourir à Tarragone le cardinal de Sainte-Sabine, légat; don Rodéric, archevêque de Tolède, avec les évêques de Burgos, de Calahorra, de Ségovie, de Si-

---

(1) Histoire générale d'Espagne, traduite de Ferréras, par d'Hermilly. Paris, 1744, t. 4, p. 106 et 107. L'auteur cite le roi don Jayme dans sa chronique; d'Acheri, t. 9, p. 176; Zurita, Abarca et d'autres.

guença et d'Osma. Tous les prélats des États du roi d'Aragon, qui s'y assemblèrent avec eux, furent l'archevêque de Tarragone, les évêques de Lérida, de Huesca, de Tarrazone, de Barcelone et de Tortose. Le roi don Jayme se présenta aussi en personne dans le concile, et y déclara la résolution où il était de se soumettre à ce qui y serait décidé. Mais on assure que le vœu de son cœur était pour la dissolution de son mariage, et qu'il était dégoûté d'Éléonor, ce qui est très-vraisemblable. Après un mûr examen, tous les pères du concile, pleinement assurés que le roi don Jayme et dona Éléonor étaient arrières-petits-enfans de l'empereur don Alfonse VII, père de don Sanche, aïeul de dona Éléonor, et de dona Sanche, pareillement aïeule du roi don Jayme, donnèrent tous leur voix pour la nullité du mariage. Ils déclarèrent aussi que l'infant don Alfonse, fils de don Jayme et d'Éléonor, était et devait être le légitime héritier de la couronne, parce qu'il était sorti d'un mariage contracté de bonne foi. Ainsi la reine dona Éléonor, accompagnée des prélats castillans et de quelques seigneurs aragonnais, se retira en Castille avec son fils, après que le roi don Jayme lui eut assigné des revenus suffisans pour vivre conformément à sa naissance et à son rang. Je passe sous silence les extravagances peu vraisemblables que quelques écrivains racontent de cette princesse (1).

Après que cette affaire eut été réglée, le cardinal légat convoqua à Lérida un concile provincial, pour réprimer quelques abus. Don Asparrague, archevêque de Tarragone, s'y trouva avec les évêques de Barcelone, de Gironne, de Vich, de Lérida, de Tortose, de Huesca, et beaucoup d'abbés. On y traita de la discipline ecclésiastique, et l'on marqua les réformes qui devaient être faites dans le clergé (2).

Conformément à la résolution prise l'année précédente de faire la guerre aux Mahométans des îles de Maïorque et de Minorque, on avait fait tous les préparatifs nécessaires pour cette expédition, à laquelle don Bérenger, évêque de Barcelone, don Nugnez Sanchez, comte de Roussillon, et don Guillaume de Moncada, vicomte de Béarn, voulurent avoir part avec la principale noblesse d'Aragon et de Catalogne. La croisade que l'on avait prêchée à cette oc-

---

(1) Histoire générale d'Espagne, traduite de Ferréras, par d'Hermilly. Paris, 1744, t. 4, p. 109 et 110. L'auteur cite les actes du même concile dans le cardinal d'Aguirre.

(2) *Ibid*, p. 110. L'auteur cite de Marca et les historiens d'Aragon.

casion, fit aussi que plusieurs personnes de Narbonne, de Provence et de Gênes vinrent se ranger sous les enseignes du roi d'Aragon. Enfin on forma une armée de dix-huit mille combattans, dont seize mille étaient d'infanterie, et les deux autres de cavalerie. Pour la transporter, on équipa cent cinquante vaisseaux et beaucoup d'autres bâtimens, et on les pourvut de tout ce qui était nécessaire. Tout étant en état le premier jour de septembre 1229, l'embarquement se fit au port de Salon, d'où l'on mit à la voile pour l'île de Maïorque. Quoique l'on fût extrêmement battu de la tempête, les matelots manœuvrèrent avec tant d'adresse, que le vaisseau qui portait le pavillon du roi entra dans le port de Palméra ; il y fut heureusement suivi par les autres. On descendit à terre, où il fallut combattre, parce que les Maïorquains mahométans accoururent aussitôt les armes à la main, pour obliger les Chrétiens de regagner leurs bords. Le roi don Jayme chargea don Sanche, comte de Roussillon, don Raimond de Moncada, et le grand-maître des Templiers, de faire face aux insulaires avec leurs troupes ; et ces seigneurs montrèrent tant de valeur, qu'ils mirent en fuite les Mahométans (1).

---

(1) Histoire générale d'Espagne, traduite de Ferréras, par d'Hermilly. Paris, 1744, t. 4, p. 110 et 111.

Le jour suivant, le roi de cette île parut à la tête d'une armée innombrable, rangée en ordre de bataille, pour combattre le roi d'Aragon, qui l'attendit de pié ferme. Au premier choc, les Chrétiens, accablés par la multitude d'ennemis qu'ils avaient en tête, furent contraints de plier ; mais excités par le point d'honneur, ils firent de si grands efforts, qu'ils regagnèrent plus de terrain qu'ils n'en avaient perdu. Au même instant, le roi maïorquain s'avança avec des troupes fraîches, pour soutenir celles des siennes qui allaient être enfoncées, et les Mahométans, avec ce nouveau renfort, se rétablirent. A cette vue, don Guillaume et don Raimond de Moncada accoururent au secours des Chrétiens avec leurs régimens, et fondant tout à coup sur le nouveau corps de Mahométans, ils le firent reculer ; mais ils s'engagèrent si avant dans la mêlée, qu'ils furent massacrés par les Infidèles. Les Chrétiens, consternés de la mort de ces deux braves généraux, perdirent courage, et le reste de l'armée mahométane étant survenu, ils commencèrent à se mettre en désordre. Don Jayme s'en aperçut, et fit des prodiges de valeur pour obtenir que le sort des armes se déclarât en sa faveur. Enfin tous les Chrétiens, à l'exemple du roi d'Aragon, chargèrent les Mahométans avec tant de furie, qu'ils les culbutèrent, les mirent en fuite, et remportèrent une glorieuse victoire dont les âmes pieuses attribuèrent le succès au secours de saint George. Il périt un nombre prodigieux de Maïorquains, et les autres ne furent redevables de la conservation de leur vie qu'à la vitesse de leurs chevaux, et à la connaissance qu'ils avaient du pays : leur roi se retira dans la ville de Maïorque. Toute l'armée rendit d'abord grâces à Dieu d'un bienfait tellement signalé; après quoi on songea à donner la sépulture aux morts. On prit un soin particulier des corps de don Raimond et de don Guillaume de Moncada ; et lorsqu'on s'en retourna, on les emporta pour les mettre dans les tombeaux que leurs ancêtres avaient fait bâtir au monastère des Saintes-Croix (1).

Cette victoire fut la première de celles qui méritèrent à don Jayme, que nous appelons Jacques Ier., le surnom de Conquérant. Il serait trop long d'en raconter ici les détails, et ils m'écarteraient trop de mon sujet. La famille de Fortia ne fut cependant point étrangère à ses exploits; Pierre de Fortia fut un de ceux qui se signalèrent le plus sous son règne. C'est Félix de la Pegna qui le nomme dans ses *Annales*

---

(1) Histoire générale d'Espagne, traduite de Ferréras, par d'Hermilly. Paris, 1744, t. 4, p. 111 et 112.

de Catalogne, tome 2, livre 2, chapitre 14, page 69.

Raimond-Bérenger, comte de Provence, se distingua par des vertus plus paisibles. L'an 1234, il maria sa fille aînée, Marguerite, à saint Louis, roi de France, et promit de donner en dot à cette princesse, dix mille marcs d'argent, qui reviennent à 525 mille livres de notre monnaie; mais on doute que cette somme ait jamais été payée en entier. L'an 1236, autre alliance d'Éléonore, sa seconde fille, avec le roi d'Angleterre, Henri III, qui en avait fait la demande par une ambassade solennelle. Raimond-Bérenger, se voyant beau-père de deux grands rois, se flattait que ce titre inspirerait plus de crainte et de respect aux villes qui refusaient de le reconnaître. L'événement le détrompa (1). Les Marseillais rejetèrent avec hauteur les propositions d'accommodement qu'il leur fit faire par leur évêque. Cependant il offrit d'approuver la forme de leur gouvernement, pourvu qu'ils lui laissassent certains droits régaliens, tels que celui de battre monnaie, et que les magistrats lui donnassent une somme annuelle. Piqué du refus des Marseillais, il reprit les armes pour

---

(1) L'Art de vérifier les dates, par un Bénédictin. Paris, 1784, t. 3, p. 439.

les soumettre, tandis que le comte de Toulouse s'avançait pour soutenir ses alliés. Saint Louis, roi de France, fit cesser cette guerre par une trêve, le 25 avril 1236 (1).

Raimond-Bérenger savait mettre à profit, pour son intérêt et pour celui de son peuple, les loisirs de la paix. Il parcourait les différens lieux de la province, et leur accordait des priviléges qui ont été, pour la plupart des villes, l'origine de ceux dont elles ont joui long-temps. Il était à Sisteron lorsqu'il fit, le 20 juin 1238, son testament, par lequel, entr'autres dispositions, il légua ses États à Béatrix, sa quatrième fille, et laissa aux autres un supplément de dot en argent. Il se fondait, pour agir ainsi, sur le droit romain qui régissait la Provence, et qui accordait aux citoyens la liberté indéfinie de tester. Mais cette faculté pouvait-elle s'étendre au droit de succéder à des États (2)?

L'an 1241, Raimond-Bérenger promit sa troisième fille, Sancie, au comte de Toulouse, et les articles du mariage furent arrêtés à Aix le 11 août de cette année. Mais cette alliance n'eut

---

(1) L'Art de vérifier les dates, par un Bénédictin. Paris, 1784, t. 3, p. 439. Il cite la nouvelle Histoire de Provence, t. 2, p. 320.

(2) Id. *Ibidem*.

point lieu, et Sancie fut accordée par son père, en 1244, à Richard, duc de Cornouailles, frère du roi d'Angleterre, et depuis roi des Romains (1).

Raimond-Bérenger pensait à marier sa quatrième et dernière fille, Béatrix, qu'il avait instituée son héritière, lorsque la mort l'enleva dans la ville d'Aix, où il fesait son séjour ordinaire, le 19 août 1245. Il n'était âgé que de quarante-sept ans. Sa femme, Béatrix de Savoie, lui survécut. La cour de ce prince était le centre de la politesse qui de là se répandit dans toute la Provence et les pays voisins (2).

Ce comte eut un ministre sage et fidèle dans la personne de Romée de Villeneuve, qui gouverna ses finances avec beaucoup d'économie, et le mit en état d'entretenir une cour brillante avec des revenus assez modiques. Sur ce nom de Romée ou *Romieu*, qui signifie en langue provençale un pélerin qui revient de Rome, le Dante, dans le sixième chant de son *Paradis*, et ses commentateurs, Landino et Vellutello, ont imaginé que c'était un gentilhomme inconnu qui, revenant du pélerinage de Saint-Jacques de

---

(1) L'Art de vérifier les dates, par un Bénédictin. Paris, 1784, t. 3, p. 439.

(2) Id., *Ibidem.*

Compostelle, arriva chez le comte de Provence, et, ravi de sa bonté généreuse, s'attacha à son service. Le comte, disent-ils, l'ayant mis à la tête de ses finances, il s'attira, par l'opulence qu'il procura à son maître et la confiance qu'elle lui mérita de sa part, la jalousie des courtisans qui vinrent à bout, par leurs calomnies, de le faire tomber dans la disgrâce. Le prince lui ayant demandé ses comptes, il les rendit, et prouva son intégrité. « Monseigneur », dit-il ensuite, « je vous ai servi long-tems; j'ai mis
» un tel ordre dans vos finances, que votre État
» est devenu considérable, de petit qu'il était.
» La malice de vos barons vous engage à me
» payer d'ingratitude. J'étais un pauvre pélerin
» quand je suis venu à votre cour; j'ai vécu hon-
» nêtement des gages que vous m'avez donnés:
» faites-moi rendre mon mulet, mon bourdon,
» ma panetière, et je m'en retournerai comme je
» suis venu. » Selon les mêmes auteurs, le comte, touché de ces paroles, voulut retenir le pélerin: mais il résista aux sollicitations; il partit, et l'on n'a jamais su ce qu'il était devenu. A ce récit, peu vraisemblable, Nostradamus ajoute d'autres circonstances qui le sont encore moins. Tout ce qu'il y a de certain, c'est qu'il y eut quelques brouilleries passagères entre le comte et le ministre. Le comte avait récompensé magnifique-

ment ses services en lui donnant la ville de Vence et plusieurs châteaux dans les territoires de Nice et de Grasse (1). Romée de Villeneuve, bien loin de disparaître, conserva son influence après la mort de Raimond-Bérenger, qui le nomma tuteur de sa quatrième fille, ainsi que va le prouver le récit de ce qui se passa au sujet de la succession de ce comte.

Raimond VII, comte de Toulouse, qui avait déjà dû épouser, comme on l'a vu, Sancie, troisième fille du comte de Provence, était convenu avec ce prince d'épouser Béatrix, sa quatrième fille, dès que le pape aurait accordé la dispense de la parenté qui était entr'eux. Ces deux comtes, étant comme assurés de l'obtenir, partirent de Lion, et se rendirent dans leurs États, pour y disposer tout ce qui était nécessaire à la célébration des noces; mais Raimond fit une faute irréparable, de n'avoir pas profité, avant son départ, de la bonne volonté du pape; car à peine fut-il chez lui, que Raimond-Gaucelin, seigneur de Lunel, qu'il avait laissé en Provence pour y prendre soin de ses affaires, lui dépêcha un courier qui lui apprit la mort de Raimond-Bérenger, comte de Provence, arrivée à Aix le 19

---

(1) Histoire des Troubadours, par l'abbé Millot, t. 2, p. 213 — 221.

du mois d'août 1245, ainsi qu'on l'a déjà vu, après avoir confirmé son testament de l'an 1238, par lequel il déclarait Béatrix, sa quatrième fille, héritière des comtés de Provence et de Forcalquier, et de tous ses autres domaines. Raimond-Gaucelin mandait au comte Raimond VII, de se rendre incessamment en Provence pour y accélérer la conclusion de son mariage avec cette princesse. Il ajoutait cependant qu'ayant consulté Romieu de Villeneuve et Albert de Tarascon, deux des principaux conseillers du feu comte, que ce prince avait laissés pour tuteurs de Béatrix et régens de ses États, ils lui conseillaient de ne pas venir à main armée dans le pays, mais avec peu de suite, pour ne pas effaroucher les peuples. Ces deux ministres, qui n'étaient nullement dans les intérêts de Raimond, ne lui donnèrent ce conseil que pour le mieux trahir. Ils prirent en effet la résolution secrète avec Béatrix de Savoie, comtesse douairière de Provence, et mère de Béatrix, de donner cette princesse en mariage à Charles, frère du roi de France; et pour avoir le temps de négocier cette alliance et de la faire réussir, il leur importait d'amuser le comte de Toulouse, de crainte que ce prince, qui avait la force en main, et qui était à portée, ne leur fît quelque violence (1).

---

(1) Histoire générale de Languedoc, par un Bénédic-

Raimond arriva en Provence peu accompagné, comme on le souhaitait. Les deux régens lui donnèrent aussitôt les plus belles espérances du monde : mais ils firent traîner la négociation de son mariage en longueur, et empêchèrent sous main que le pape ne confirmât la dissolution de celui de ce prince avec Marguerite de la Marche. Raimond obtint à la fin cette confirmation (1), par une bulle datée du 26 septembre ; mais il ne put avoir la dispense qui lui était nécessaire pour épouser Béatrix, malgré les soins qu'il se donna (2), tant auprès du comte de Savoie, oncle de cette jeune princesse, que de Jacques ou don Jayme, roi d'Aragon, cousin germain du feu comte de Provence, Raimond-Bérenger. Don Jayme qui s'était rendu à Aix aussitôt après la mort du comte de Provence, promit ou fit semblant de promettre à Raimond de le favoriser, quoiqu'il eût en vue

---

tin. Paris, 1737, t. 3, p. 450 et 451. Il cite Guillaume *de Podio*, chap. 47; *Chr. Massil.*, t. 1, dans la *Bibl. Lab.*, p. 742; *Gesta Lud. IX*, dans Duchesne, t. 5, p. 345; Ruffi, Histoire de Provence; et Bouche, t. 2.

(1) Thrésor des Chartes, sac 9, n. 75.

(2) Guillaume *de Podio* et *Gesta Lud. IX*, ibidem. Mathieu. Paris, p. 684 et suivantes, et p. 704. *Chr. Massil.*, ibidem.

de faire épouser Béatrix à son propre fils. Raimond gagna aussi divers seigneurs du pays, qui parurent disposés en sa faveur; mais les reines de France et d'Angleterre, et la femme de Richard, prince d'Angleterre, sœurs aînées de Béatrix, prétendant l'exclure de la succession, traversèrent d'abord tant qu'elles purent son mariage avec Raimond. Ensuite la reine Blanche ayant écouté les propositions des deux régens en faveur de son fils Charles; et le roi son fils et elle ayant eu une entrevue avec le pape dans l'abbaye de Cluni vers la fin du mois de novembre, elle le détourna de donner la dispense pour le mariage de Raimond, et le fit consentir à celui de Béatrix et de Charles. Raimond qui ignorait tous ces projets, s'était flatté jusqu'alors que la reine Blanche, sa cousine germaine, favoriserait ses desseins. Dans cette espérance, il lui envoya un de ses confidens, pour la solliciter de le protéger; mais il fut si mal servi, que son ambassadeur rencontra en chemin le prince Charles, qui s'avançait vers la Provence pour y épouser Béatrix, avec un corps d'armée que le roi son frère lui avait donné, tant pour s'assurer du pays, que pour en chasser don Jayme, roi d'Aragon, qui tenait cette princesse assiégée. Charles en arrivant trouva les choses si bien disposées pour lui, qu'il s'empara aisément des principales places (1). Il éprouva cependant une résistance vigoureuse de la part de Philippe de Fortia, qui commandait les troupes de Barcelone. Lui-même fut blessé, et il perdit plusieurs officiers (2).

Don Jayme, ne se croyant pas assez fort pour soutenir la guerre contre saint Louis, n'osa cependant point combattre lui-même, et rendit impuissans les efforts de son général Philippe de Fortia. Il décampa de son propre mouvement, et Charles épousa solemnellement et sans obstacle la jeune comtesse de Provence, le dernier de janvier de l'an 1246 (3). D'autres fixent l'époque de ce mariage au 19 janvier 1246, nouveau stile. En considération de cette alliance, saint Louis renonça à ses prétentions sur la Provence, et donna de plus à son frère les comtés d'Anjou et du Maine. Charles partagea le titre de comte de Provence avec son épouse, et reçut

---

(1) Histoire générale de Languedoc, par un Bénédictin. Paris, 1737, t. 3, p. 451.

(2) Nouvel état de Provence. Avignon, sans date, p. 74.

(3) Histoire générale de Languedoc, par un Bénédictin. Paris, 1737, t. 3, p. 451.

le serment de fidélité des seigneurs et des prélats du pays (1).

Cette expédition, glorieuse pour Philippe de Fortia, ne le fut point du tout pour don Jayme, en sorte que les historiens espagnols (2) n'en disent rien. Ce fut peut-être ce mauvais succès qui rendit cruel le roi d'Aragon. S'étant adressé à Bérenger, évêque de Gironne, pour le sacrement de pénitence, il crut depuis avoir de fortes preuves que ce prélat avait révélé sa confession. Pour l'empêcher de récidiver, il lui fit couper la langue en 1246. Le pape Innocent IV ne laissa pas cet attentat impuni. Il fulmina contre le prince une excommunication qui fut levée par ses légats au concile de Lérida, sur les marques publiques de repentir que le prince en donna (3).

Les Maures de Valence portaient impatiemment le joug que don Jayme leur avait imposé. Pour se délivrer des inquiétudes qu'ils lui donnaient, ce prince rendit, le 6 janvier 1248, une ordonnance par laquelle il leur enjoignait de

---

(1) L'Art de vérifier les dates, par un Bénédictin. Paris, 1784, t. 2, p. 439.

(2) Ferréras et Mariana.

(3) L'Art de vérifier les dates, par un Bénédictin. Paris, 1783, t. 1, p. 750.

s'expatrier

s'expatrier (1), remède souvent employé par les souverains et toujours également funeste à eux et à leurs sujets.

En 1258, le roi d'Aragon termina le différend qu'il avait depuis long-tems avec le roi de France, touchant la souveraineté sur la Catalogne et le Roussillon, que don Jayme, ou ses prédécesseurs, avaient usurpée sur cette couronne. Jayme, de son côté, avait des prétentions sur divers domaines du Languedoc et des pays voisins, dont le monarque français était en possession. Le roi d'Aragon avait envoyé l'évêque de Barcelone et deux autres plénipotentiaires à Corbeil, où la cour de France était alors, pour y finir cette affaire. Ils arrêtèrent, le 11 mai, avec le roi Louis IX, que nous appelons saint Louis, les articles suivans : 1°. Louis céda au roi d'Aragon, à perpétuité, tous les droits de souveraineté qu'il avait sur les comtés de Barcelone, d'Urgel, de Bézalu, de Roussillon, d'Ampurias, de Cerdagne, de Conflans, de Girone et de Vic. Jayme, à son tour, céda au roi de France tous les droits qu'il prétendait sur les villes et pays de Carcassonne et Carcassez, de Rasez, de Lauraguais, de Terménois, de Bésiers, de

---

(1) L'Art de vérifier les dates, par un Bénédictin. Paris, 1783, t. 1, pages 750 et 751.

Ménervois, de Fenouillèdes, de Pierre-Pertuse, de Sault, d'Agde et d'Agadois, d'Albigeois, de Rouergue, de Querci, de Narbonne, de Grèze au vicomté de Gévaudan, de Milhaud, de Nîmes, de Toulouse et du comté de Toulouse, de Saint-Gilles, et enfin sur tous les domaines qui avaient appartenu au feu comte de Toulouse Raimond : sur quoi l'on peut remarquer, dit l'historien de Languedoc, que Louis IX céda au roi d'Aragon des droits de souveraineté incontestables, dont ses prédécesseurs avaient toujours joui sans interruption depuis le règne de Charlemagne, au lieu que Jayme ne céda à Louis que des droits, la plupart chimériques (1).

L'an 1264, don Jayme se concerta avec Alfonse le Sage, roi de Castille, pour faire la guerre aux Maures de l'Espagne méridionale. Mais la difficulté fut d'obtenir en Aragon des subsides pour cette expédition. La noblesse, après avoir bien disputé, ne consentit d'en accorder qu'aux conditions, 1°. qu'elle serait exemte du *bouage;* impôt qu'on levait sur le bétail; 2°. que le Grand-Justicier serait remis dans toute l'autorité que lui accordaient les anciennes lois; 3°. que les charges militaires ne seraient données qu'à des

---

(1) L'Art de vérifier les dates, par un Bénédictin, Paris, 1783, t. 1, p. 751.

nobles aragonnais de naissance. Don Jayme ayant ainsi obtenu l'argent qu'il désirait, les deux rois confédérés soumirent, dans les deux années suivantes, la Murcie, et ce qui restait à conquérir du royaume de Valence. Mais ces conquêtes, par les conventions faites entr'eux, furent unies à la couronne de Castille. Don Jayme voulut ensuite aller signaler sa valeur à la Terre-Sainte. S'étant embarqué, l'an 1269, pour cette expédition, il fut jeté par la tempête à Aigues-Mortes, d'où il retourna dans ses États. Ce fut là tout le fruit de son armement (1).

L'an 1274, à l'occasion du concile général indiqué à Lion, don Jayme se rendit à cette ville, assista à l'ouverture du concile, et s'en revint fort mécontent du pape, qui refusa de le couronner, à moins qu'il ne promît de payer le tribut auquel don Pèdre II, son père, s'était obligé pour son royaume envers l'Eglise romaine. Le roi d'Aragon n'eût pas la faiblesse de céder à cette absurde prétention, et il préféra avec raison de s'adresser à ses peuples pour assurer ses droits. Il tint les États à Lérida, l'an 1275, et ces États déclarèrent que le sceptre ne sortirait jamais de la ligne directe tant qu'il y aurait

---

(1) L'Art de vérifier les dates, par un Bénédictin. Paris, 1783, t. 1, p. 752.

des mâles; en conséquence, Alfonse, fils de l'infant don Pèdre et de Constance, fille de Mainfroi, fut reconnu héritier de la couronne (1).

Cette même année 1275, les Maures, chassés de Castille, où ils avaient fait une irruption, vinrent se jeter sur l'Aragon, « et desconfirent » le roi d'Arragon, et prindrent moult de pri» sonniers, et tuèrent moult de gens, et prin» drent chasteaux et villes; là fut prins le com» mandeur du Temple, et plusieurs autres tant » de religion, comme du siècle, et d'autre peuple » grant quantité. Après rassembla le roi d'Arra» gon grant gens d'armes, et desconfit les Sar» razins, et recouvra grant partie des chasteaux » et de la terre qu'ils avoient perdus; et fut dé» livrer le commandeur du Temple d'Arragon, » et plusieurs autres qui avoient esté prins de» vant (2) ». Mais les Maures de Grenade s'étant révoltés l'année suivante, gagnèrent sur les généraux de don Jayme une grande bataille, près de Luchente. Ce revers, joint à ses infirmités,

---

(1) L'Art de vérifier les dates, par un Bénédictin. Paris, 1783, t. 1, p. 752.

(2) Sinner, *Catal. Cod. Mss. Bibl.*, Bern., tome 2, page 380.

lui causa un si vif chagrin, qu'il en tomba malade. Étant à l'extrémité, il prit l'habit de Citeaux, et mourut le 25 juillet 1276, après avoir régné environ 63 ans. Son corps fut inhumé dans l'abbaye de Poblet (1).

Le fils qu'il avait eu du premier lit, Alfonse, dont j'ai déjà parlé, etait mort dès l'an 1260. Don Pèdre III, fils de Jayme et d'Iolande, sa seconde femme, fut couronné le 27 novembre 1276, dans la cathédrale de Saragosse, avec Constance, fille de Mainfroi, roi de Sicile, qu'il avait épousée l'an 1262. En vertu de ce mariage, il prétendait au royaume de Sicile. L'an 1282, étant sur les côtes d'Afrique avec une flotte considérable destinée, à ce que l'on publiait, contre les Maures, il vint faire une descente en Sicile, sur la nouvelle du massacre des Français, connu sous le nom de *vêpres siciliennes*. Il y fut reçu comme un libérateur, et tous les habitans de cette île se jetèrent entre ses bras, par la crainte du juste ressentiment de Charles d'Anjou, leur souverain. Il fut proclamé aussitôt roi de Sicile, et couronné à Palerme. Il entra ensuite dans Messine, et battit la flotte de Charles d'Anjou. Mais le pape Martin IV, Français de naissance,

---

(1) L'Art de vérifier les dates, par un Bénédictin. Paris, 1783, t. 1, pages 752 et 753.

indigné de cette usurpation, et de ce qui l'avait préparé, frappa don Pèdre, le 18 novembre, d'une excommunication qu'il renouvela l'année suivante, le déclarant en même tems déchu de ses États. Pour l'exécution de cette sentence, Martin fit publier contre don Pèdre une croisade, et donna l'investiture du royaume d'Aragon à Charles de Valois, second fils du roi Philippe le Hardi, lequel étant neveu de don Pèdre par sa mère Élisabeth, ou plutôt Isabelle d'Aragon, semblait devoir être mieux reçu des seigneurs et du peuple d'Aragon. Le pape, en disposant ainsi de ce royaume, se prévalait de l'hommage que don Pèdre II en avait fait au pape Innocent III en 1204, lors de son couronnement. Don Pèdre III se moqua des foudres de Rome, et par dérision ne prit plus que le titre de « chevalier d'Aragon, seigneur de la mer, » et père de trois rois ». Il tint aussi peu de compte du cartel de défi que Charles d'Anjou lui donna pour se battre avec lui, le 1er. juin 1283, à Bordeaux, chacun accompagné de cent chevaliers. Charles comparut au jour marqué, et passa toute la journée sur le champ clos avec ses chevaliers, à la vue d'une foule innombrable d'étrangers, que la nouveauté du spectacle avait attirés. Mais Pierre, quoiqu'il eût accepté le défi, ne parut point à Bordeaux, ou s'il y vint, n'y resta qu'un moment, presque seul et déguisé, et repartit aussitôt pour l'Espagne. Philippe le hardi, roi de France, se disposait cependant à faire la conquête de l'Aragon. L'an 1284, il envoya une armée en Navarre, pour être à portée d'agir contre l'Aragon et la Castille confédérés ensemble; et l'année suivante, lui-même entra en Catalogne, par le Roussillon, à la tête de cent mille hommes. Ce fut Jacques, roi de Majorque, qui, quoique frère du roi d'Aragon, livra ce passage à Philippe. Les Français prirent plusieurs places; mais leur flotte fut battue par Roger de Lauria, amirante d'Aragon, qui se rendit maître de Roses, où ils avaient tous leurs magasins de vivres. La disette et les maladies les obligèrent à se retirer. Philippe mourut à Perpignan, le 6 octobre de la même année 1285. Don Pèdre le suivit au tombeau le 10 novembre suivant, après avoir reçu à Villefranche de Pénades, où il était tombé malade, l'absolution des censures, sans néanmoins renoncer au royaume de Sicile, qu'il transmit par son testament à don Jayme, son second fils, laissant la couronne d'Aragon à son aîné, Alfonse III (1).

---

(1) L'Art de vérifier les dates, par un Bénédictin. Paris, 1783, t. 1, p. 753 et 754.

Lorsque don Pèdre III mourut, Alfonse était occupé à dépouiller don Jayme, son oncle, du royaume de Majorque. Après s'être emparé du royaume de Majorque, il fit la conquête de l'île d'Iviça, et revint en Espagne, où il fut couronné, à Saragosse, le jour de Pâque 1286. Alfonse enleva cette année l'île de Minorque aux Mahométans, qui se retirèrent dans le château de Port-Mahon, et furent forcés d'en sortir l'an 1287. L'année suivante, et le 29 août, Alfonse rendit la liberté à Charles II d'Anjou, après l'avoir obligé de renoncer à ses droits sur la Sicile, et de donner ses deux fils en ôtage, pour sûreté du traité conclu à Conflans, par la médiation d'Édouard Ier., roi d'Angleterre. Alfonse relâcha aussi les princes de la Cerda, à la sollicitation de quelques seigneurs qui voulaient se venger du roi de Castille, et fit proclamer Alfonse, l'aîné de ces princes, roi de Castille, au commencement de septembre. Cette démarche d'Alfonse III occasionna une guerre entre les rois d'Aragon et de Castille. L'an 1291, les ministres plénipotentiaires, assemblés à Tarascon, achevèrent de régler, au mois de février, les articles d'un traité entre Philippe le Bel, roi de France, Charles de Valois, Charles II, roi de Naples, et le roi d'Aragon, à l'exclusion de Jayme, roi de Sicile. Alfonse et

Charles, roi de Naples, eurent une entrevue dans le col de Panisar, et ratifièrent le traité. Peu de tems après, Alfonse tomba malade à Barcelone, et mourut le 18 juin, laissant la couronne à son frère (1).

Jayme II, ayant appris la mort de son frère, quitta la Sicile, dont il laissa le gouvernement à Constance, sa mère, et à Frédéric, son frère; il se rendit à Barcelone, et de là à Saragosse, où il fut couronné roi d'Aragon, le 6 septembre 1291. Le 1er. novembre 1295, il épousa Blanche, fille de Charles, roi de Naples, en vertu d'un traité conclu au mois de juin précédent, par lequel il s'engageait à faire ce mariage, à restituer la Sicile à Charles, et à rendre les ôtages. L'an 1297, Jayme fit le voyage de Rome, où il fut bien reçu par le pape Boniface VIII, qui célébra le mariage de Robert, fils de Charles, avec Iolande, sœur de Jayme. Jayme, pour remplir l'engagement contracté par le traité de l'an 1295, équipa, l'an 1298, une grande flotte, et fit une descente en Sicile, dont il tâcha, mais en vain, de dépouiller Frédéric (2).

---

(1) L'Art de vérifier les dates, par un Bénédictin. Paris, 1783, t. 1, p. 754.

(2) *Id. ibidem.*

Telle est, pendant le treizième siècle, l'histoire abrégée des souverains auxquels était attachée la famille de Fortia, qui y a été rarement nommée. Elle ne le sera guère davantage dans le chapitre suivant, jusqu'à ce qu'élevée tout à coup sur le trône, elle paraisse digne de fixer exclusivement notre attention; car il faut convenir que l'éclat des grandes places appelle les regards des historiens beaucoup plus que les qualités personnelles, qui au reste peuvent y être jointes.

CHAPITRE TROISIÈME.

Histoire de la famille de Fortia, depuis le commencement du quatorzième siècle jusqu'au mariage de don Pèdre IV, roi d'Aragon, et de Sibille de Fortia.

L'an 1301, don Jayme II, roi d'Aragon, tint les États à Saragosse, et y fit déclarer pour héritier de la couronne, l'infant don Jayme, son fils, dont il arrêta le mariage, l'an 1309, avec Éléonore de Castille. La mort ayant enlevé la reine Blanche, le 12 novembre 1310, à Barcelone, le roi Jayme II pensa à se marier lui-même, et il épousa en secondes noces Marie, fille de Hugues II, roi de Chipre. Le jeune infant don Jayme, différait toujours d'accomplir l'alliance arrêtée pour lui par son père l'année précédente. Pressé de remplir cet engagement, il consentit enfin, l'an 1319, à recevoir la bénédiction nuptiale; mais il se retira après la messe, laissant sa femme, sous prétexte qu'il était lié par le vœu de religion. Il renonça à tous ses droits de succession au trône dans les États tenus à Tarragone, et Alfonse, son frère, fut reconnu héritier présomptif de la couronne. L'an 1321, le roi Jayme perdit, sur la fin d'avril, la reine Marie, et épousa, en troisièmes noces, le jour de Noël suivant, Élisende de Moncada. La noblesse de Sardaigne, mécontente du gouvernement des Pisans, ses maîtres, invita, l'an 1321, le roi d'Aragon à venir la délivrer d'un joug qu'elle ne pouvait plus supporter. Jayme en ayant conféré avec les États tenus à Lérida, prit des mesures pour se rendre au désir des Sardes. L'an 1323, il leur envoya son fils Alfonse, avec une flotte. Le jeune prince répondit aux vues de son père. L'année suivante, il s'empara d'Iglésias et de Cagliari, après avoir battu les Pisans devant cette dernière place, dont la réduction entraîna celle de l'île. Les Pisans, affaiblis par leur défaite, consentirent à tenir d'Alfonse la Sardaigne à foi et hommage, sans préjudice de la suzeraineté que le pape prétendait avoir sur cette île. C'était un usage dès-lors établi dans tous les tribunaux de l'Europe, d'appliquer à la question les accusés de crimes dont on ne pouvait avoir autrement la conviction. L'an 1325, les cortès abolirent ce supplice en Aragon, persuadés qu'il était également propre à innocenter un coupable vigoureux, et à faire déclarer coupable un innocent de faible complexion. La même année, nouvelle révolte en Sardaigne contre les Pisans. Les Aragonnais viennent au secours des rebelles, et remportent une victoire navale sur les Pisans. La Sardaigne fut entièrement soumise aux vainqueurs l'année suivante. L'an 1327, don Jayme mourut à Barcelone, le 31 octobre, extrêmement regretté de tous ses sujets (1).

Jayme, fils aîné de Jayme II, ayant renoncé à la couronne par la crainte d'épouser une femme qu'il n'aimait point, Alfonse IV, fils puîné de Jayme II, fut proclamé roi après les funérailles de son père, et se fit couronner solemnellement à Saragosse, le jour de la Pentecôte 1328. L'an 1331, il fit la guerre aux Génois, dont ses flottes désolèrent toutes les côtes. Ceux-ci, l'année suivante, ravagèrent à leur tour les côtes de Catalogne. Le pape se rendit, l'an

---

(1) L'Art de vérifier les dates, par un Bénédictin. Paris, 1783, t. 1, p. 754 et 755.

1333, médiateur entre Gênes et l'Aragon; mais sa médiation ne put réconcilier ces deux puissances. Le 7 janvier 1336, selon Rainaldi, ou plutôt le 24, selon les autres historiens, Alfonse mourut à Barcelone (1).

Don Pèdre IV, fils d'Alfonse IV et de Thérèse d'Enteça, sa première femme, né le 15 septembre 1319, fut proclamé roi d'Aragon dans le mois de janvier 1336, après la mort de son père. Dès qu'il fut sur le trône, il se saisit des terres qu'Alfonse avait données à la reine Éléonore de Castille, sa seconde épouse, se fondant sur le serment que ce prince avait fait de ne rien démembrer de ses États. Guerre civile à ce sujet. Le roi de Castille, frère d'Éléonore, lui envoie des troupes sous la conduite de don Pèdre d'Exérica. Autre contestation qui s'élève au couronnement du roi d'Aragon, le jour de la Pentecôte 1336. L'archevêque de Saragosse prétend avoir le droit de mettre la couronne sur la tête de ce prince. La plupart des grands s'y opposent. Don Pèdre se couronne lui-même, pour ne pas donner lieu de croire qu'il tenait son royaume de l'Église. Le pape Benoît XII ne laissa pas de se rendre médiateur entre don

---

(1) L'Art de vérifier les dates, par un Bénédictin. Paris, 1783, t. 1, p. 755.

Pèdre et la reine Éléonore, et réussit, l'an 1338, à les accommoder. Le 21 juillet de cette même année 1338, le jeune roi d'Aragon épousa Marie, fille de Philippe d'Évreux, roi de Navarre. Don Pèdre, l'an 1339, reçut l'hommage du roi de Majorque, et fut rendre le sien au pape, à Avignon, pour la Sardaigne. L'entrée solemnelle que don Pèdre fit dans cette ville, fut sur le point d'être ensanglantée. L'écuyer de don Jayme, roi de Majorque, ayant donné, par manière d'insulte, un coup de fouet au cheval sur lequel était monté le roi, ce prince mit l'épée à la main, prêt à se venger, et l'on eut bien de la peine à retenir l'effet de sa colère; mais il conserva toujours depuis un vif ressentiment contre le roi de Majorque. Il lui en donna des marques, l'an 1343, par la conquête qu'il fit sur lui des îles de Majorque, de Minorque et d'Iviça, qu'il réunit le 29 mars de l'année suivante à sa couronne. Bientôt après, il acheva de dépouiller le roi de Majorque, en lui enlevant ses domaines situés au delà des Pirénées. La reine Marie d'Évreux mourut en 1346, vieux stile. Don Pèdre se remaria l'année suivante, 1347, avec Éléonore, fille d'Alfonse IV, roi de Portugal, qui mourut sur la fin d'octobre 1348. Le roi d'Aragon épousa, en troisièmes noces, Léonore, fille de Pierre II, roi de Sicile. Don

Jayme, qu'il avait détrôné, fit, l'an 1349, une tentative pour recouvrer ses États, et y périt, le 25 octobre, laissant un fils, nommé aussi Jayme, qui fut fait prisonnier. On suivait toujours, en Aragon, l'ancien calcul d'Espagne pour les dates. L'an 1350, don Pèdre rendit, le 17 décembre, à Perpignan, une ordonnance par laquelle il défendait de compter désormais les années par l'ère de César, et voulait qu'on se servît de l'époque de la naissance de Jésus-Christ. La même année, il fit alliance avec les Pisans contre les Génois; et la suivante, il renouvela celles qu'il avait faites avec la France, Venise et la Navarre. Les Génois ne se laissèrent point effrayer par cette coalition. L'an 1352, ils remportèrent une victoire sur les flottes combinées d'Aragon et de Venise. L'année suivante, les Aragonnais prirent leur revanche. Toujours joints aux Vénitiens, ils battirent à leur tour les Génois sur mer. Le roi passa en Sardaigne l'an 1354, et soumit les places de cette île, qui s'étaient révoltées. Une prise faite l'an 1356, sur les Génois, par la flotte aragonnaise, sous les ieux du roi de Castille, dans un de ses ports, occasionna une rupture, suivie d'hostilités, entre les deux couronnes. Cette guerre, sans être civile, en eut toutes les horreurs. D'un côté, l'on vit les deux frères utérins du roi d'Aragon, don Ferdinand et don Juan, qui depuis longtems s'étaient retirés, par mécontentement, en Castille, commander les troupes castillanes; de l'autre, Henri de Transtamare, frère naturel du roi de Castille, combattre dans l'armée aragonnaise. L'ère vulgaire de l'incarnation n'était pas encore adoptée dans le royaume de Valence; elle le fut par les États du pays, assemblés l'an 1358. La guerre continuait entre la Castille et l'Aragon. L'an 1359, victoire des Aragonnais sur les Castillans. On traita inutilement de la paix entre les deux couronnes l'année suivante, dans le congrès de Tudèle. Elle se conclut enfin l'an 1362 ; mais à peine dura-t-elle l'espace d'un an. Le roi de Castille, excité par le roi de Navarre avec lequel il s'était ligué, reprit les armes en 1363, et fit plusieurs conquêtes en Aragon. Son frère Henri de Transtamare arrêta ses progrès dans ce royaume par ceux qu'il fesait en Castille. L'an 1369, le roi d'Aragon, après la mort de ce monarque, justement nommé *Pierre le Cruel*, se mit en possession de quelques places en Castille. Il avait dans le même tems une querelle avec le clergé de ses États touchant les immunités et privilèges de ce corps. Elle fut appaisée, l'an 1372, par un traité où chacun se relâcha de ses prétentions. La même année, l'infant don Jean, que le roi, son père, avait créé duc de Gironne, titre qui depuis fut affecté aux fils aînés des rois d'Aragon, épousa, le 6 juin, Jeanne, dite aussi Marthe, fille de Jean I, comte d'Armagnac; et Martin, son frère puîné, donna sa main à Marie Lopez de Lune. La reine Léonore de Sicile étant morte en 1374, le roi don Pèdre épousa, dit-on, Marthe (1), selon Zurita qui ne marque point son origine; elle mourut l'an 1378; et l'an 1380, selon Ferréras, don Pèdre épousa Sibille de Forcia (2) ou plutôt Fortia, dont l'histoire appartient conséquemment à la fois à celle d'Aragon, et à celle de sa propre famille que je commencerai ici.

CHAPITRE QUATRIÈME.

Histoire de la famille de Fortia.

LE chevalier de Fortia, descendant de Philippe, dont j'ai parlé sous le règne de don

---

(1) Le roi don Pèdre ne parle point de ce mariage dans ses Mémoires, ainsi qu'on le verra ci-après, et je doute qu'il ait eu lieu. L'Art de vérifier les dates qui le rapporte, l'omet dans l'énumération des enfans. Ferréras ne donne aussi que trois femmes à don Pèdre avant Sibille de Fortia. Tome 5 de la traduction, p. 474.

(2) L'Art de vérifier les dates, par un Bénédictin. Paris, 1783, t. 1, p. 755 et 756.

Jayme I, l'an 1245, se signala dans les guerres de don Pèdre IV, roi d'Aragon, contre le reste des Infidèles qui avaient occupé l'Espagne, et qu'il vint à bout d'en chasser (1). Il épousa une femme dont le nom de batême seul, Francisca, est connu, et dont il eut :

1. Bernard, qui suit.

2. Sibille épouse en premières noces de don Artal de Fosses, et en secondes de don Pèdre IV, roi d'Aragon, dont l'article sera confondu avec celui de Bernard.

3. Marquise de Fortia, qui épousa N. de Barutell. Ce mariage conste dans les archives royales de la couronne d'Aragon, qui se trouve à Barcelone, dans le livre intitulé : *Reginæ Sibiliæ Sigilli secreti*, tome 57; et également *in Reginæ Sibiliæ* de 1383 à 1386.

Bérenger de Barutell, archidiacre de Sainte-Marie de la Mer à Barcelone, est appelé neveu de la reine; d'où l'on doit conclure que ce mariage fut bien antérieur à celui de la reine Sibille. Bérenger de Barutell, sans doute différent de celui duquel je viens de parler, fut de ceux

---

(1) Ferréras ne dit presque rien de cette guerre. Voyez sa traduction par d'Hermilly. Paris 1751, t. 6, pages 121, 137 et 171. Le fait que je rapporte ici est tiré du Nouvel état de Provence. Avignon, sans date, p. 74.

qui se signalèrent le plus sous le règne de don Pèdre I, qui mourut en 1213. N. de Barutell, à son retour de l'ambassade, qui lui avait été confiée auprès des Sarrasins par le roi don Jayme, rapporta le sein de sainte Barbe, qui fut mis à son château de Prunéras. Cela conste par le privilège dont parle Ribéra dans le *Patronage royal*, page 411, l'an 1386, que Bérenger de Barutell était conseiller et majordôme du roi. Cela conste dans les archives royales *Reginæ Sibiliæ* de 1383 à 1386. J'omets André de Barutell, Galceran et d'autres. Le premier de ceux-ci suivit constamment l'infortuné comte d'Urgel; le second signa aux États, où pour la première fois on imposa un châtiment contre ceux qui attaqueraient l'immaculée conception de la Vierge. On lit aussi qu'un gentilhomme de cette maison avait un des premiers emplois des Templiers.

I. Bernard de Fortia, fils du précédent et de Francisca, naquit au château de Fortia en 1345. Sibille de Fortia, sa sœur, y naquit en 1352. Après la mort de son père, Bernard fut, dit-on, généralissime des armées du roi. Tomich (1), dans la généalogie de la maison royale, qui se trouve en tête des Constitutions de Catalogne,

---

(1) Chapitre 3, folio 56.

le nomme Bernard de Forcia. Carbonell (1) l'écrit de même. Marinéo, livre second des affaires d'Espagne, s'exprime ainsi : « Sibille qui » était fille d'un homme extrêmement pauvre, » s'appelait Fortiana, parce qu'elle était née » dans un bourg de la province d'Ampurias, » dont le nom était Fortia ». Mais cet historien est le seul qui parle en termes aussi peu respectueux de la famille de cette reine, qui était certainement considérable. L'explication historique des Inscriptions des rois, dans la chambre royale de la députation de Saragosse, dit (2) : « Fille d'un *riche homme* de l'Ampourdan », et ce titre de *riche homme* signifie un grand. Bien des grands d'Espagne prennent entr'autres titres celui de *rico hombre*, riche homme de tel ou tel endroit. Tomich (3) la nomme « Fille » d'un gentilhomme de l'Ampourdan ». Tous en ceci sont d'accord avec le roi don Pèdre IV, qui en parle dans les mêmes termes dans sa *Chronique* (4).

Sibille fut mariée en 1374 avec un grand

---

(1) Folio 97, chapitre 3.

(2) *Escolio* 31, *folio* 296.

(3) D. L. 11.

(4) Tous ces détails sont tirés d'un manuscrit espagnol-français envoyé de Barcelone.

seigneur de Catalogne, appelé don Artal de Fosses, qui mourut trois ans après. Le roi don Pèdre IV l'appelle Tosses. Mais c'est certainement une faute d'autant plus à présumer, qu'il est très-facile de changer F en T. Tous les auteurs des anciens manuscrits le nomment Fosses; et ils l'annoncent comme étant d'une famille illustre. Ato de Fosses était majordôme d'Aragon dans le tems de don Jayme I, surnommé le *Conquérant*. Cette dignité était la première du royaume, et équivalait à celle de connétable dans d'autres pays. Il était un *riche homme* très-considérable. C'est ce qu'assure Zurita en deux endroits (1). Ximénès de Fosses, en 1254, était gouverneur du royaume de Valence en Espagne. En 1343, après la bataille de Cerro de Péguerra, don Pèdre IV arma chevalier cet Artal de Fosses, et lui donna le gouvernement des lieux d'Andrache, Calbino et Puigpuinent, qui s'étaient donnés eux-mêmes lors de la conquête de l'île de Majorque. Le même roi (2) le cite entre les riches hommes en ces termes : « et nous appelons toujours (au conseil) les » riches hommes, lesquels furent don Pierre,

---

(1) Sous l'an 1238, folio 86; et sous l'an 1344, folio 170.

(2) Folio 135, colonne 1.

» seigneur de Cixérica....., monseigneur Artal
» de Fosses, monseigneur Pierre de Monca-
» da, etc. ».

Jeanne, reine de Naples, dit Ferréras (1), qui avait été aussi malheureuse avec ses maris, que ceux-ci l'avaient été avec elle, chercha à réparer cette disgrâce, en épousant don Pèdre, roi d'Aragon, dans la pensée que la beauté du royaume qu'elle possédait, pourrait la faire désirer. Elle en fit faire la proposition au roi don Pèdre; mais ce prince, qui la connaissait parfaitement, ne voulut point se prêter à ce mariage. Cependant le même roi, après avoir porté le deuil de trois femmes, épousa Sibille de Fortia, veuve de don Artal de Fosses, afin de laisser aussi après lui une veuve qui le pleurât.

Ferréras place cet événement sous l'an 1380, et Mariana un an plutôt. Tous deux se trompent, et ce fut le 10 janvier 1381, que Sibille épousa en secondes noces don Pèdre IV, roi d'Aragon.

En effet, ce prince, parlant de son mariage dans la chronique qu'il écrivit lui-même, et qui

---

(1) Histoire générale d'Espagne, traduite de Ferréras, par d'Hermilly. Paris, 1751, t. 5, p. 474 et 475. L'auteur cite Zurita.

fut mise au jour par Carbonell (1), s'explique en ces termes, sous l'année 1380 : « Item étant
» veuf », d'Éléonor de Sicile, « Jeanne, reine
» de Naples, nous fit dire, par un ambassadeur
» de sa part, que si nous ou notre fils aîné,
» alors également veuf » de Mata d'Armagnac,
« voulions l'épouser, elle ferait donation de son
» royaume à la couronne d'Aragon ; ce que nous
» ne voulûmes accepter ni pour nous, ni pour
» notre fils ; au contraire, nous aimâmes mieux
» épouser une femme nommée Sibille de Fortia,
» fille d'un gentilhomme de l'Ampourdan, veuve
» d'un autre gentilhomme nommé Artal de
» Fosses, laquelle nous épousâmes en face d'é-
» glise, l'an 1381, et de laquelle nous eûmes
» deux fils qui moururent, et une fille nommée
» Isabelle ».

Ce prince, comme on l'a déjà vu, avait été marié trois fois. Ses deux premières femmes ne lui avaient point laissé d'enfans ; mais la troisième lui avait donné don Juan, duc de Gironne, et don Martin, duc de Montblanc. Il ordonna cependant une grande convocation pour le couronnement de la nouvelle reine. La fête se fit solennellement à Saragosse, le 25 janvier 1381, avec autant de pompe que si ces noces eussent

---

(1) Dans sa Chronique, folio 200,

été les premières. On lit dans l'Explication historique des inscriptions (1) : « Laquelle fut couronnée avec beaucoup d'appareil et une pompe royale ». Zurita dit aussi (2) : « Et la fête du couronnement fut faite à la fin du mois de janvier 1381, avec autant d'appareil, comme si ç'eût été à l'avénement du roi et à ses premières noces (3) ».

C'est aussi en citant Zurita, que Ferréras dit (4) : le roi don Pèdre tint les États à Saragosse en 1381, et y fit couronner solemnellement Sibille de Fortia, sa quatrième femme, de même que si elle eût été la première. On y agita aussi une question qui fut, si les sujets pouvaient avoir action contre les seigneurs qui les traitaient mal ? Après plusieurs débats, il fut décidé que la connaissance du mauvais traitement des seigneurs ne serait réservée qu'à Dieu seul : décision préjudiciable aux pauvres, et dangereuse pour les seigneurs.

Le roi don Pèdre, dans sa Chronique (5),

---

(1) Des rois, page 296, déjà citée ci-dessus, p. 92.

(2) Chapitre 28, livre 10, partie 1.

(3) Manuscrit espagnol-français, ci-dessus cité.

(4) Histoire générale d'Espagne, traduite de Ferréras, par d'Hermilly. Paris, 1751, t. 5, p. 480.

(5) Folio 101, colonne 4.

parle du couronnement de la reine en ces termes : « Et désirant que la reine Sibille, notre « épouse, fût couronnée, nous convoquâmes « tous les États du royaume au lieu nommé de « Monço », ou Monçon, « et lesdits États s'é- « tant assemblés, nous nous rendimes peu de « tems après à Saragosse, où nous fîmes cou- « ronner ladite reine avec une grande et solem- « nelle fête et gala que nous lui fîmes faire « l'an 1381 ».

Le roi continue en ces termes dans la même Chronique (1) : « Lors de ce couronnement, il « nous fut porté des plaintes amères de ce que « le comte Jean d'Ampurias (2) maltraitait un « gentilhomme appelé Benoît d'Orriols, seigneur « de Toixa » (ici l'imprimeur, pour la seconde fois, confond T avec F ; car il n'existe aucun

---

(1) Folio 101, colonne 4.

(2) Ce comte Jean d'Ampurias ne se trouve point dans la liste des comtes d'Ampurias de l'Art de vérifier les dates, Paris 1783, t. 2, p. 342. Elle est conséquemment incomplète. On trouvera un article sur ce Jean d'Aragon, comte d'Ampurias et sur son père Raimond-Bérenger d'Aragon, comte d'Ampurias avant lui, dans le Moréri, Paris, 1759, art. Aragon, t. 1, p. 244. Jean était petit-fils de don Jayme, roi d'Aragon, et il avait épousé Jeanne d'Aragon, fille de don Pèdre IV.

endroit du nom de Foixa qu'il écrit, et tous les autres le nomment Toixa comme je l'écris. Cette famille d'Orriols était fort illustre); « et » cela alla si loin, qu'il fesait ses efforts pour » le déshériter, lequel gentilhomme était du » sang de ladite reine; c'est pourquoi nous par- » tîmes de Saragosse, etc., etc. ».

La plupart des auteurs attribuent ces dissensions à la restitution du premier et second comté de Bar que possédait le comte d'Ampurias. Zurita (1) dit que le roi convoqua contre le comte d'Ampurias les États de Catalogne. Mais ces États ne furent pas convoqués pour ce seul objet.

Don Pèdre IV avait donné de très-grands biens à Sibille de Fortia et à son frère, pour eux et leurs successeurs. C'étaient les villes et châteaux de Cubello, Villeneuve de Sagialle, Fuenrubia, du château de Saint-Martin de Boria et Magalon, des juridictions de Sitgès et de Fox. Le roi fit approuver ces donations par l'assemblée générale tenue à Monçon, en Catalogne, en 1384, ce qui causa une grande mésintelligence entre le duc de Gironne et sa belle-mère.

Le roi don Pèdre qui aimait éperduement la

---

(1) Livre 10, chapitre 35, page 386.

reine Sibille, sa femme, dit Ferréras (1), assembla les États à Monçon et à Fraga, pour rendre irrévocables les donations qu'il avait faites à cette princesse et à Bernard, son frère; démarche à laquelle l'infant don Juan s'opposa fortement, parce que ces libéralités devaient lui être préjudiciables, et qu'elles étaient formellement contraires au serment que le roi son père avait fait, de ne point aliéner les biens de la couronne. De là naquit une grande mésintelligence entre le père, le fils et la belle-mère.

Mata ou Marthe, continue Ferréras (2), femme de l'infant don Juan, étant morte, le roi don Pèdre avait formé le projet de remarier l'infant, son fils, avec Marie, sa nièce, princesse de Sicile, afin de lever toutes les contestations sur la succession à cette couronne; mais l'infant don Juan, qui n'avait point de goût pour dona Marie, sa cousine, traita de son mariage avec Iolande, fille de Robert, duc de Bar (3), par la médiation du comte d'Ampurias,

---

(1) Traduit par d'Hermilly. Paris 1751, t. 5, p. 506.

(2) *Idem*, p. 507.

(3) Mariana se trompe en disant que la princesse Iolande était fille de Jean, duc de Berri; car il est constant que ce duc, fils de Jean Ier. selon les uns, ou II selon d'autres, roi de France, n'eut point de postérité.

et l'épousa à l'insçu de son père. Le roi don Pèdre n'en fut pas plutôt informé, que, vivement piqué et transporté de colère, il assembla ses troupes, et fondit sur le comté d'Ampurias, où il mit tout à feu et à sang. En vain le comte tâcha de l'appaiser; toutes ses soumissions furent inutiles. Se voyant donc dans la nécessité de se défendre, il fit venir de France trois cens lances, et dans la suite jusqu'au nombre de mille, qui passèrent dans le Roussillon. Pour empêcher ces troupes d'aller en Catalogne, le roi mit sur pié une armée peu nombreuse tant en cavalerie qu'en infanterie, et fut même secondé pour cet objet par l'infant don Juan, qui paya ainsi par l'ingratitude tous les services du comte d'Ampurias. Celui-ci cependant tâcha encore par différens moïens, d'obtenir son pardon du roi : mais quoique Bernard de Fortia, frère de la reine, intercédât pour lui, le monarque se montra inexorable. L'inflexible sévérité du roi réduisit son fils à se liguer avec le comte d'Armagnac et d'autres seigneurs, qui s'engagèrent à lui fournir des troupes auxiliaires pour le paiement desquelles le comte d'Ampurias promit soixante mille florins.

Tous ces faits sont placés par Ferréras, sous l'an 1384, et il cite pour les appuyer l'autorité de Zurita, duquel je tire ces détails des mêmes faits.

Ce fut peu de tems après l'assemblée générale de Monçon, que le duc de Gironne se maria contre la volonté de son père avec Iolande, fille de Robert, duc de Bar, qui fut sa seconde femme (1), et qu'il perdit la confiance du roi. Ce mariage traité par l'entremise du comte d'Ampurias à qui don Pèdre en fit de vifs reproches, fut cause que le comte osa déclarer la guerre au roi. L'exécution de cette guerre fut confiée à Bernard de Fortia, frère de la reine, gentilhomme très-courageux, et lieutenant de gouverneur en Catalogne. Le gouvernement des provinces appartenait de droit à l'héritier de la couronne; et par cette raison, cet emploi de lieutenant était le plus honorable, s'il n'était pas le premier. Le prince de Gironne ayant cependant voulu user de ses droits, reprit le commandement de cette guerre quoique faite à son occasion; Bernard de Fortia n'exerça donc d'abord que les fonctions de son lieutenant; mais il redevint bientôt le chef, ainsi que le prouveront les faits suivans rapportés par Ferréras sous l'an 1385, toujours d'après Zurita.

En vertu de l'accord qui avait été fait entre

---

(1) Art de vérifier les dates. Paris 1770, p. 817; ou dans l'édition de 1783, t. 1, p. 757.

le comte d'Armagnac et le comte d'Ampurias, le premier de ces deux seigneurs envoya sur les confins du Roussillon, Bernard, son frère, avec un corps de troupes, pour entrer par cette province en Catalogne. A cette nouvelle, don Pèdre, roi d'Aragon, mit sur pié quelques troupes, et en donna le commandement à don Gaston de Moncada, avec ordre d'aller de Ripol garder les passages des Pirénées. Le comte d'Ampurias avait reçu encore d'autres troupes de France; mais l'infant don Juan, ayant appris qu'il y en avait un détachement à Durban, passa de nuit les Pirénées, à la tête de trois cens chevaux, fondit à la pointe du jour sur les ennemis qui étaient plongés dans le sommeil, et les massacra. Après cette expédition, l'infant don Juan trouva le moïen d'engager les officiers français qui étaient venus au secours du comte d'Ampurias, de s'en retourner. Le comte déchu par là de toutes ses espérances, et voyant même ses affaires aller de mal en pis, s'embarqua sur un vaisseau, et se retira à Avignon pour mettre sa personne en sûreté (1).

Le roi don Pèdre, ainsi débarrassé du comte d'Ampurias, son gendre, licencia ses troupes,

―――――

(1) Histoire générale d'Espagne, traduite de Ferréras, par d'Hermilly. Paris 1751, t. 5, p. 522.

et les dispersa dans ses places. Au mois d'août suivant, il essuya une dangereuse maladie, qui fit craindre pour sa vie, à cause de son grand âge. Il recouvra cependant la santé; et dès qu'il fut rétabli, il rassembla son armée, et alla assiéger Castellon d'Ampurias qui, ne pouvant espérer aucun secours, se soumit. Dans le même tems, l'infant don Juan se brouilla fortement avec Sibille, sa belle-mère, qui l'obligea de se retirer avec sa femme à Castelfolit, où l'évêque de Vich et le comte de Rocaberti le suivirent. Le roi apprit à Castellon la conduite de l'infant, et en fut tellement irrité, qu'il commença sur-le-champ à lui faire son procès, pour le priver de la succession au trône. Un procédé si violent irrita extrêmement l'infant don Juan, qui, dans le premier mouvement de sa colère, rappela le comte d'Ampurias, son beau-frère, afin de prendre avec lui des mesures pour se défendre. Le comte revint donc d'Avignon, et amena des troupes de Bretagne; mais l'infant don Juan, fesant réflexion qu'on le blâmerait toujours d'avoir pris les armes contre son père, qui ne pouvait plus vivre long-tems, renonça à ce parti : il eut recours à Dominique Cerdan, justicier d'Aragon, qui, sans s'inquiéter du ressentiment du roi, expédia des lettres, et rendit des édits en faveur de l'infant don Juan, par un exemple singulier de fermeté et d'amour pour la justice (1).

Tel est le récit de Ferréras, et ce dernier fait m'ayant paru remarquable, j'ai cru convenable de placer ici quelques explications à ce sujet. Il y a eu de tout tems dans le royaume d'Aragon, dit Mariana, une espèce de tribunal, que l'on appelle la justice d'Aragon, établi pour la défense des droits du royaume, et assez semblable à l'établissement des tribuns du peuple à Rome, dont le véritable emploi était de protéger les particuliers contre les injustices et les vexations. Toutes les fois que Ferréras parle du chef de ce tribunal, il le fait en le nommant *el Justicia de Aragon*; et comme il n'a pas paru possible à M. d'Hermilli, traducteur français de Ferréras, de rendre ce titre en sa langue, il a cru pouvoir l'interpréter par celui de grand bailli, attendu que nos anciens baillis étaient comme les gardiens et les conservateurs des droits du peuple, dont ils empêchaient l'oppression, s'informant dans le territoire qui leur était assigné, de la conduite des comtes qui étaient alors les juges ordinaires, et recevant les plaintes des

---

(1) Histoire générale d'Espagne, traduite de Ferréras, par d'Hermilly. Paris, 1751, t. 5, p. 522 et 523.

particuliers, pour leur rendre justice (1). Mais ce mot de grand bailli ayant été depuis employé pour désigner un grade supérieur dans l'ordre de Malte, qui a peu de rapport à l'administration de la justice, j'ai pensé pouvoir préférer le titre de justicier, traduction presque littérale de l'espagnol, et c'est celui que je continuerai d'employer dans la suite de cette histoire, avec d'autant plus de confiance que M. de Jaucourt s'en est déjà servi dans l'Enciclopédie.

Le justicier d'Aragon, dit-il (2), était le chef, le président des États d'Aragon, depuis que ce royaume fut séparé de la Navarre en 1035, jusqu'en 1478, que Ferdinand V, roi de Castille, réunit toute l'Espagne en sa personne. Pendant cet intervalle de tems, les Aragonnais avaient resserré l'autorité de leurs rois dans des limites étroites. Ces peuples se souviennent encore, dit M. de Voltaire, de l'inauguration de leurs souverains : *Nos que valemos tanto como vos, os hazemos nuestro rey, y segnor, con*

---

(1) Histoire générale d'Espagne, traduite de Ferréras, par d'Hermilly. Paris 1751, t. 5, p. 523. Note du traducteur.

(2) Encyclopédie. Neufchastel, 1765, t. 9, page 101. Article Justicier.

tal que guardeis nuestros fueros; se no, no.
« Nous qui sommes autant que vous, nous vous
» fesons notre roi, à condition que vous garde-
» rez nos lois; si non, non ». Le justicier d'Aragon prétendait que ce n'était pas une vaine cérémonie, et qu'il avait le droit d'accuser le roi devant les États, et de présider au jugement. Il est vrai néanmoins, ajoute M. de Jaucourt, d'après Voltaire, que l'histoire ne rapporte aucun exemple qu'on ait usé de ce privilège. Ces deux écrivains auraient pu citer l'exemple de Dominique Cerdan, qui sut faire de son autotité un usage aussi hardi que respectable, ainsi que je viens de le rapporter. On a vu plus haut, qu'en 1264 le roi don Jayme avait promis à ses sujets de rendre à cette magistrature toute l'autorité que lui accordaient les anciennes lois. Dans l'exposé que j'ai donné d'après Ferréras, des événemens de la guerre de don Pèdre contre le comte d'Ampurias, sous l'an 1385, Bernard de Fortia n'est pas nommé. On sait cependant, par le témoignage de Zurita, que, lorsque le roi don Pèdre perdit la confiance qu'il avait eue en son fils l'année précédente, il ne l'admit plus dans ses conseils, et confia l'exécution entière de la guerre contre le comte, à Bernard de Fortia, qu'il nomma son lieutenant général en Catalogne, et son capitaine général. Il l'en-

voya avec une partie de son armée faire le siège de Vergès, tandis que lui-même vint en personne assiéger son fils dans Castillon ou Castellon d'Ampurias, place importante, et capitale des États du comte. Bernard ne put réussir à prendre Vergès; mais il aida don Pèdre à se rendre maître de Castellon et de beaucoup d'autres places, et il obligea le comte d'Ampurias, Jean d'Aragon, à rendre sa place à la discrétion du roi, son beau-père, malgré les secours qu'il avait demandés à la France, et malgré ceux qu'il recevait du prince Juan, que son père poursuivit encore l'année suivante 1386, ainsi qu'on va le voir par le récit suivant que nous donne Ferréras, des événemens qui eurent lieu cette année dans l'Aragon.

Le jour de la Pentecôte (cette année, le jour de Pâque tombait le 22 avril, et conséquemment celui de la Pentecôte le 10 juin [1]), don Pèdre, roi d'Aragon, tint les États à Barcelone, où l'on célébra avec beaucoup de solemnité la cinquantième année de son règne : il demanda aux États, lorsqu'ils étaient sur le point de finir, un don gratuit qui lui fut accordé,

---

(1) L'Art de vérifier les dates, par un Bénédictin. Paris, 1783, tome 1, page 28 de la Table, et 11 du Calendrier.

presque dans le même tems. L'infant don Juan, qui vivait en mésintelligence avec son père et sa belle-mère, eut à Saragosse une entrevue avec l'infant don Carlos, héritier de la couronne de Navarre, et fit avec lui une ligue étroite pour se mettre à l'abri du courroux de son père. Ces deux princes convinrent ensemble que, pour resserrer les nœuds de leur alliance, don Jayme, fils de l'infant don Juan, épouserait une fille de l'infant de Navarre. Le roi don Pèdre, averti de ce projet, se persuada que son fils et sa bru n'agissaient que par les conseils de dona Constance Pérellos, qui était attachée à leur service. Dans cette pensée, il envoya dire à l'infant don Juan de faire mettre en prison dona Constance, le menaçant de détruire toute la famille de cette dame. L'infant demanda du tems pour se déterminer; mais le roi son père, irrité de sa lenteur, le priva de la part qu'il avait au gouvernement du royaume, violence de laquelle l'infant appela au justicier d'Aragon (1).

Dans le même tems, le comte d'Ampurias avait levé quelques troupes en France pour entrer en Catalogne et recouvrer son État; mais

---

(1) Histoire générale d'Espagne, traduite de Ferréras, par d'Hermilly. Paris, 1751, t. 5, p. 528.

celles-ci se retirèrent, ayant appris qu'elles étaient bien inférieures en nombre à celles que le roi d'Aragon avait mises sur pié. Le roi don Pèdre, débarrassé par là de l'inquiétude que ce comte pouvait lui donner, reprit vivement la poursuite d'une affaire qu'il avait en Sardaigne depuis plus de trente ans, contre Léonore d'Arboréa et les Génois. Après quelques événemens peu importans, on convint enfin que le roi pardonnerait aux insulaires rebelles, abandonnerait à Léonore tous les domaines de son père, et remettrait son mari en liberté : on détermina aussi les ports dans lesquels les Génois et les Aragonnais pourraient entretenir des atteliers pour la construction des vaisseaux et des autres embarquemens, et pourraient avoir leurs bâtimens et leur flotte (1). Mariana met ce traité sous l'année suivante, assurant qu'il ne fut fait que sous le règne de don Juan, fils et successeur du roi don Pèdre. Il omet aussi l'article qui regarde les Génois, et le point concernant l'élargissement de Brancaléon Doria, mari de Léonore d'Arboréa (2). Peut-être ces deux derniers événe-

---

(1) Histoire générale d'Espagne, traduite de Ferréras, par d'Hermilly. Paris, 1751, t. 5, p. 528 et 529.

(2) *Ibid.*, p. 529. Note du traducteur.

mens sont-ils de cette année, et la signature du traité de l'année suivante.

Ferréras s'appuie toujours uniquement sur le témoignage de Zurita ; et comme je vais rapporter, d'après ces deux historiens, un fait qui annonce une grande crédulité religieuse, il est bon de les connaître tous deux.

Jérôme Zurita, d'une famille noble de Saragosse, se fit secrétaire de l'Inquisition, moins par fanatisme que pour pouvoir vivre tranquille à l'abri de ce titre. Il mourut en 1580, à 67 ans, après s'être fait un nom par son savoir. On a de lui l'Histoire d'Aragon jusqu'à la mort de Ferdinand le Catholique, en sept volumes *in-folio*. Vossius loue le jugement et le savoir de cet historien; mais le conseil du roi d'Espagne le blâma d'avoir découvert avec trop de sincérité les défauts des monarques espagnols, tandis qu'au contraire les savans les applaudirent. Il a fait aussi des notes sur l'Itinéraire d'Antonin, sur César et sur Claudien (1).

Don Juan de Ferréras naquit en 1652, à Labanéza, en Espagne. Après avoir fait ses études avec beaucoup de succès dans l'université de Sa-

---

(1) Nouveau Dictionnaire historique, par Chaudon et Delandine. Lyon, 1804, t. 11, p. 481. Article Surita. Voyez aussi cet article dans Moréri.

lamanque, il obtint, au concours, la cure de Saint-Jacques de Talavéra, dans le diocèse de Tolède. Il fut transféré ensuite à celle de Saint-Pierre de Madrid par son confesseur. Ferréras refusa quelque tems après deux évêchés considérables, malgré les instances que lui fit la cour de les accepter. L'académie de Madrid le choisit l'année même de sa fondation, en 1713, pour un de ses membres. Le roi, en confirmant un choix applaudi par tous les gens de lettres, lui confia la charge de garde de sa bibliothèque. Ferréras fut très-utile à l'académie naissante par ses lumières. Il lui servit surtout beaucoup pour la composition du Dictionnaire espagnol, entrepris et publié par cette compagnie en 1739, en six volumes *in-folio*. Ferréras était mort quatre ans auparavant, en 1735, à 87 ans. On a de ce savant Espagnol plusieurs ouvrages de théologie, de philosophie, de belles-lettres et d'histoire. Le plus considérable et le plus connu est son Histoire d'Espagne, écrite en sa langue: elle a été traduite en français, par M. d'Hermilli, en dix volumes *in-4°*., Paris, 1731 (1).

On sent bien qu'un secrétaire de l'Inquisition et un curé doivent avoir un autre ton que les

---

(1) Nouveau Dictionnaire historique, par Chaudon et Delandine. Lyon, 1804, t. 5, p. 87. Art. Ferréras.

philosophes, lorsqu'ils parlent de ce qui concerne la religion, et l'on s'en appercevra facilement au récit suivant, où je les copie littéralement.

« Après que le roi don Pèdre fut ainsi délivré
» de ces grands embarras, son ambition lui fit
» souhaiter d'avoir en propriété la ville de Tar-
» ragone. L'archevêque don Pèdre Clasquier s'y
» opposa fortement, sous prétexte que cette ville
» dépendait du siège archiépiscopal, tant à cause
» de sa réédification, qu'en vertu des donations
» des papes et des rois ses prédécesseurs : mais le
» roi, qui n'écoutait que son caprice, sans s'in-
» quiéter des droits, donna ordre à don Rai-
» mond Alaman d'aller avec un corps de troupes
» se saisir de cette ville. Don Raimond obéit ;
» et le pauvre archevêque, qui n'était point en
» état de résister à un ennemi si puissant avec
» les armes temporelles, eut recours aux spiri-
» tuelles, et excommunia tous les usurpateurs.
» Voyant le peu d'effet que cette démarche pro-
» duisait sur l'esprit de ceux qui avaient éxécuté
» l'ordre du roi, il alla à l'église qui est sous
» l'invocation de sainte Thècle ; et après y avoir
» dévotement recommandé sa cause à la sainte,
» il cita le roi au tribunal de Dieu. La majesté
» divine voulut bien s'intéresser pour le bon ar-
» chevêque, et la sainte vierge et martire appa-

» rut au roi, lui reprocha vraisemblablement son
» attentat sacrilége, et lui donna un soufflet, dont
» le roi fut extrêmement effrayé et consterné.
» Immédiatement après, le roi tomba dangereu-
» sement malade; et connaissant qu'il allait bien-
» tôt terminer sa vie en punition de son crime,
» il ordonna de rendre à l'archevêque la ville et
» tout ce qu'il avait usurpé, dans l'espérance
» d'acquitter par là sa conscience. Pour rendre
» même cet ordre plus public et plus sûr, il le
» fit expédier en présence de son confesseur et
» des personnes qui formaient son conseil : exem-
» ple mémorable pour apprendre aux rois à ne
» point s'approprier les biens des églises ni des
» ecclésiastiques, s'ils ne veulent point éprouver
» de semblables châtimens (1) ».

Si ces causes de la mort de don Pèdre sont au moins incertaines, sa mort ne fut que trop réelle. Il perdit son beau-frère, don Carlos, roi de Navarre, le premier janvier 1387 (2), et lui-même ne survécut que quatre jours. Il termina sa vie le 5 du même mois, et reçut la sépulture dans le monastère de Poblet, après avoir porté

---

(1) Histoire générale d'Espagne, traduite de Ferréras par d'Hermilly. Paris, 1751, t. 5, p. 529.

(2) *Ibid.*, p. 530.

long-tems la couronne d'Aragon. Ce fut un prince ambitieux, cruel en quelque manière, fin, méfiant, peu religieux, extrêmement attentif à ses intérêts; mais on ne peut lui refuser la justice de convenir qu'il était courageux, et que les adversités qu'il éprouva n'altérèrent point sa fermeté (1).

La veille de sa mort, Sibille, sa femme, s'enfuit de Barcelone avec Bernard de Fortia, son frère, et le comte de Pailhars, pour se mettre à couvert du ressentiment de l'infant don Juan, qui devait succéder au trône, et avec qui elle avait eu de si grands démêlés; mais quoique cet infant fût malade à Gironne, quand le roi son père termina sa vie, la reine douairière ne put éviter son malheur. Les Catalans voulant signaler leur zèle pour leur nouveau souverain, se mirent en devoir d'arrêter cette princesse, et de s'assurer de sa personne. Ainsi l'infant don Martin alla à sa poursuite avec le comte de Cardone; et Sibille voyant que l'on était sur le point de l'atteindre, se retira, avec ceux qui l'accompagnaient, dans le château de son frère. Dès que l'infant en fut informé, il marcha vers cette place, l'y assiégea, et la força de se rendre avec

---

(1) Histoire générale d'Espagne, traduite de Ferréras, par d'Hermilly. Paris, 1751, t. 5, p. 530 et 532.

tous ses partisans. Il ne les eut pas plutôt en son pouvoir, qu'il les mena tous à Barcelone, où ils furent enfermés dans d'étroites prisons (1). La tour où l'infortunée Sibille fut placée avec son frère, se nomme la tour d'Enrives.

L'infant don Juan, devenu roi d'Aragon, étant convalescent, passa à Barcelone, où il fit, à son arrivée, l'infant don Martin, son frère, duc de Montblanc. On commença sur-le-champ à traiter l'affaire de la reine Sibille et des autres; le principal crime que l'on imputait à cette princesse sur la déposition d'un Juif, et en vertu de quelques expériences, était d'avoir ensorcelé son mari, et maléficié le roi don Juan. On appliqua à cette occasion plusieurs personnes à la question (2), et la plupart de ceux qui parurent coupables et complices, furent condamnés à mort (3).

---

(1) Histoire générale d'Espagne, traduite de Ferréras, par d'Hermilly. Paris, 1751, t. 5, p. 532.

(2) Félix de la Pégna et d'autres auteurs nient ce qu'avance Zurita, que la reine et ceux de son parti furent mis à la question. En effet, on a vu plus haut qu'en 1325, les Cortès avaient aboli ce supplice en Aragon. D'ailleurs Félix de la Pégna observe que les parens de la reine étaient de trop grands seigneurs pour être traités de cette manière.

(3) Histoire générale d'Espagne, t. 5, p. 532.

Sibille calomniée et maltraitée n'attendait plus elle-même qu'un sort funeste.

Sur ces entrefaites, Pierre de Luna, alors cardinal d'Aragon, arriva à Barcelone de la part du pape Clément VII, regardé comme antipape par les Italiens, qui ne l'appellent que Robert de Genève. La principale mission de ce légat était de solliciter l'obédience du roi don Juan, affaire dont le feu roi son père avait paru peu s'inquiéter (1). L'adroit don Pèdre avait toujours flotté entre les deux contendans à la papauté, pour se réserver la liberté d'embrasser le parti de celui qui favoriserait ses prétentions sur la Sicile. Don Juan fut moins politique (2). Pierre de Luna obtint facilement ce qu'il souhaitait, et le roi fit, en conséquence, expédier son décret, en date du 24 février (3).

Le pape n'était pas indifférent au sort de la reine douairière, et désirait que cette affaire finît avec moins de rigueur et plus de justice qu'elle n'avait commencé. Le légat ayant intercédé au

---

(1) Histoire générale d'Espagne, traduite de Ferréras, par d'Hermilly. Paris, 1751, t. 5, p. 532.

(2) L'Art de vérifier les dates. Paris 1770, p. 817.

(3) Ferréras, traduit par d'Hermilly. Paris, 1751, t. 5, page 532.

nom du père commun des fidèles et au sien, pour la reine Sibille, pour le frère de cette princesse, et pour le comte de Pailhars, le roi leur accorda, à sa prière, la vie à tous trois. La reine douairière fut contrainte de renoncer à tous les domaines et aux revenus que le roi son mari lui avait laissés, et le roi don Juan les donna sur-le-champ à dona Violante, sa femme. Dès le 8 mars, le nouveau roi d'Aragon, en confirmant les privilèges de la Catalogne, avait déclaré nulles toutes les donations qui avaient été faites par son père (1). Ainsi la renonciation de Sibille était superflue et forcée. Mais on en voulait moins à sa vie qu'à ses biens qui furent donnés à la nouvelle reine.

Ces articles préliminaires ayant sans doute été convenus avant tout, le 12 novembre 1387, le cardinal d'Aragon vint à la tour d'Enrives. Là, en présence de l'évêque de Barcelone, des comtes de Pailhars ou Paillières, Hugues de Anglésola, Bérenger de Barutel, Bernard de Séneterra, François de Sagarrigues de Planella, et des comtes de Vilemarines, les principaux seigneurs du pays, tous parens de la reine,

---

(1) Ferréras traduit par d'Hermilly. Paris, 1751, t. 5, pages 532 et 533.

Pierre de Luna prononça un fort beau discours. Il conclut en annonçant à Sibille que, par considération pour elle et par respect pour le saint siége, il lui accordait la liberté avec une pension viagère de deux mille cinq cens ducats.

Moyennant cette pension, toutes les terres de Bernard furent acquises au domaine de la couronne, et confisquées au profit du roi. Les châteaux de Fortia et Fortianès furent donnés aux comtes d'Ampurias, de la maison d'Aragon. Godefroi, qui les possédait, eut un fils unique qui se fit religieux bénédictin à saint Pierre de Roses, situé sur la montagne de Cap-de-Creux. Ce Godefroi fit donation des deux châteaux à ce monastère, et y ajouta la *Selve* d'en haut et d'en bas. Ce sont ces religieux qui les possèdent depuis fort long-tems. Les châteaux étant démolis, ils ont bâti sur leurs ruines, et ces nouveaux édifices conservent encore les noms, l'un de Fortia, l'autre de Fortianès.

Don Juan, roi d'Aragon, mourut le 19 mai 1395, et eut pour successeur son frère Martin, sous le règne duquel Sibille de Fortia mourut à Barcelone le 23 novembre 1406. Elle fut inhumée dans cette ville au couvent de Saint-François. Elle avait eu du roi don Pèdre IV les infans don Jacques et don Ferdinand, qui moururent jeunes, et une fille, nommée dona

Isabelle, qui fut mariée le 28 juin 1407 avec don Jacques II d'Aragon, dernier comte d'Urgel (1).

On peut consulter sur toute cette histoire, outre celle de Ferréras que j'ai citée, les chroniques du royaume d'Aragon, composées en espagnol par Jérôme Zurita, chronologiste du royaume, dans le cinquième livre de la première partie de ses *annales*, tome 2, chapitre 25. Voyez aussi divers actes encore déposés au greffe de la ville de Barcelone. Ces autorités rendent incontestables les détails que je viens de donner, et l'on aurait de la peine à comprendre qu'ils aient été révoqués en doute par l'auteur de l'*Histoire de la noblesse du Comté-Vénaissin* (2), si l'inexactitude de cet historien n'était d'ailleurs très-connue.

Bernard de Fortia, ayant vendu quelques biens qu'on lui avait laissés en Catalogne, vint s'établir à Montpellier, alors soumis au roi de France Charles VI, qui y fit une entrée solemnelle en 1389 (3). Bernard s'y maria en 1391, et eut un

---

(1) L'Art de vérifier les dates. Paris, 1770, p. 817.

(2) Histoire de la noblesse du Comté-Vénaissin. Paris, 1743, t. 1, p. 454. L'auteur est l'abbé Pithon-Curt.

(3) Histoire de Montpellier, par d'Aigrefeuille. Montpellier, 1727, p. 183.

fils l'année suivante. Il y mourut sans tester, en 1407 (1), époque fameuse des malheurs de la France, qui suivirent de près la mort funeste du duc d'Orléans, assassiné à Paris le 22 novembre de cette année (2).

II. Jean I de Fortia, fils de Bernard, né en 1393, vit pour ainsi dire en naissant la décadence de la ville de Montpellier. Des lettres du roi Charles VI, datées de Paris le 14 février 1412, disent que cette ville était considérablement diminuée à cause des mortalités, du passage des gens de guerre, des naufrages soufferts par l'invasion des pirates et voleurs de mer, ainsi que par les tailles, aides, fouages et autres

---

(1) Un manuscrit espagnol sur la famille de Fortia nous assure cependant, d'après Félix de la Pégna, que Bernard de Fortia joua encore un rôle dans l'Histoire d'Aragon, en 1411 et 1418. Il paraît que les archives particulières ayant été brûlées et dispersées à Montpellier, sous le règne de l'infortuné Charles VI, l'histoire de ces deux premières générations est restée très-imparfaite. Il semble même que la famille de Fortia, sous cette époque a beaucoup perdu de son ancien éclat, ce qui est facile à concevoir pour nous qui avons été les témoins de désastres presqu'aussi funestes, mais moins longs que ceux du règne de Charles VI.

(2) Histoire de Montpellier, par d'Aigrefeuille. Montpellier, 1727, p. 189.

charges

charges (1). Jean I se maria à Montpellier l'an 1422, qui fut celui de l'avénement de Charles VII à la couronne de France (2); et il mourut sans tester, en 1473.

III. Jean II de Fortia, fils de Jean I, né en 1427, se maria en 1448 avec noble demoiselle Francine de Montpellier. Son testament fut reçu par Antoine Guigonis, notaire de Montpellier, en 1492. Voyez les archives du Clergé de Montpellier, registres des notes de Hodilly, Vidal, Roger et autres, de 1450 à 1493, n°. 5, page 10, etc.

Dans ce testament, Jean II donne à sa femme, outre sa dot, qui était de six mille écus d'or en or couronné, l'usufruit de tous ses biens, la chargeant de les remettre à Marc son fils et son héritier. Il fait plusieurs legs pies en faveur de chaque couvent de l'un et de l'autre sexe, et de tous les hôpitaux de Montpellier. Il dote plusieurs pauvres filles à marier. Il fonde et dote richement une chapelle qu'il avait fait construire au couvent des frères mineurs de saint François ou des Cordeliers, sous le titre

---

(1) Histoire de Montpellier, par d'Aigrefeuille. Montpellier, 1727, p. 191.

(2) *Id.*, p. 199.

de *Notre Dame de Pitié*. Il y ordonne deux messes pendant chaque semaine, et une lampe à brûler perpétuellement devant l'image de la sainte Vierge, avec tous les ornemens nécessaires pour desservir cette même chapelle, où il voulut être enterré. Il lègue la liberté à quatre esclaves qu'il avait, avec cent écus d'or à chacun, outre leur subsistance dans la maison de son héritier. Enfin, après avoir réglé la restitution de la dot de son épouse en monnaie de Barcelone, il fait un legs à Jean III, son petit-fils, de la tour et juridiction de Orte, en la paroisse de saint Denis de Gobelez, diocèse de Barcelone.

Jean de Fortia mourut le premier mars 1493, et fut enterré dans sa chapelle de l'église des Cordeliers.

IV. Marc-Antoine de Fortia, fils unique de Jean II et de Francine, naquit en 1449. En 1473, il épousa noble demoiselle Iolande de Benet, ou de Benoit, dont il eut quatre fils et trois filles. La dot d'Iolande fut de 1500 écus. Les armes de la famille de Benet étaient d'or à l'ours de sable et un chef d'azur, chargé d'une étoile d'argent (1).

---

(1) Histoire de la noblesse du Comté-Vénaissin. Paris, 1743, t. 1, p. 454.

Le premier mars 1493, il fit faire l'ouverture du testament de son père pardevant le sieur Charbonnières, lieutenant royal du juge de la ville de Montpellier, avec toutes les procédures requises. Le 23 mars 1494, il paya les legs que son père avait faits aux Frères Mineurs.

Le 30 juin 1498, il fit son testament, que reçut Jean Vidal, notaire de Montpellier. Marc de Fortia y donna à sa femme 2200 écus d'or en or couronné, savoir 1500 de sa dot, et 750 pour son augment, avec l'entretien dans sa maison; et son héritier universel venant à mourir sans enfans, il la substitua pour un quart de ses biens. Il fit plusieurs legs en faveur des couvens et des pauvres filles à marier. Il nomma son fils aîné son héritier universel, et le substitua à sa femme et à ses autres enfans, à chacun desquels il légua deux mille marcs d'or, avec l'entretien dans sa maison jusqu'à l'âge de vingt-cinq ans pour les garçons, et quinze cens marcs d'or pour les filles, aussi avec l'entretien dans sa maison jusqu'à ce qu'elles fussent mariées. Il ordonna encore qu'on l'ensevelît dans la chapelle de Notre-Dame de Pitié qu'avait fondée son père dans l'église des Cordeliers.

Le 24 juillet de la même année 1498, Mme. de Fortia sa mère lui donna les mille écus d'or que son époux Jean II lui avait légués. Marc-

Antoine mourut le 26 décembre 1498. Ses enfans furent :

1. Bernard de Fortia (1), qui suit.

2. Jean III de Fortia, qui forma la branche de Carpentras que l'on trouvera après la descendance de Bernard, sous la désignation de la lettre B.

3. François de Fortia, légataire de son père pour deux mille marcs d'or, contracta pour son frère Jean à Avignon, en 1505 : il était sans doute mort en 1517, puisque sa mère ne fit point alors mention de lui dans son testament.

4. Albert de Fortia est nommé dans le testament de son père, en 1498, pour un legs de deux mille marcs d'or. Dans le testament de sa mère en 1517, il est désigné pour héritier conjointement avec son frère Jean. Suivant certains manuscrits ou imprimés, c'est de lui qu'est sortie la branche des Fortia, maîtres des requêtes à Paris, qui est aujourd'hui éteinte; mais on verra ci-après sous la lettre B, qu'elle descend de son frère aîné Bernard.

5. Éléonor de Fortia reçoit un legs de quinze

---

(1) Python-Curt place Bernard après son frère, et se trompe. Je ne relèverai pas toutes ses erreurs qui seraient trop longues et trop nombreuses.

cens marcs d'or dans le testament de son père en 1498.

6. Jérôme de Fortia est légataire de son père pour la même somme. Elle épousa noble Michel de Vitalis, d'Avignon, à qui elle survécut, comme on le voit dans le testament de sa mère, fait en 1517, où elle est qualifiée veuve, et où elle est aussi nommée légataire.

V. Bernard II de Fortia, né en 1475, épousa en 1501 Jeanne Miron, fille de Gabriel, alors médecin ordinaire du roi, et seigneur de Beauvoir-sur-Cher, et d'Elizabeth Alexandre. Cette famille de Miron était originaire de Catalogne et a produit un évêque d'Angers et plusieurs magistrats célèbres (1). Ses armes étaient de gueules, en miroir arrondi d'argent, bordé d'un cercle, pommelé de même (2).

Le 15 juin 1505, Louis, roi de France et de Naples, duc de Milan et seigneur de Gênes, donna des lettres patentes à Bernard de Fortia pour aller à Rome prendre noble demoiselle

---

(1) Voyez le Dictionnaire de Moréri. Paris, 1759, t. 7, p. 571, art. Miron. Voyez aussi le même article dans le nouveau Dictionnaire historique, par Chaudon et Delandine. Lyon, 1804, t. 8, p. 318.

(2) Histoire de la noblesse du Comté-Vénaissin. Paris, 1743, t. 1, p. 467.

Françoise de Vitalis ou de Vidal pour venir consommer le mariage contracté avec noble Jean de Fortia, frère dudit Bernard, qu'il qualifie son bien aimé familier et serviteur de la reine sa femme, lui permettant de passer par toutes les terres et seigneuries de leur obeissance, avec leur train et nombre de seize chevaux et ses valets de pié, et leurs vêtemens en or et argent, joyaux, bagues, valises et autres hardes. Ces lettres sont signées par le roi, de Couteran, et scellées du scel et armes dudit seigneur en cire rouge, données à Tours, où Louis XII était encore au mois d'août de cette année (1).

A son retour de Rome, Bernard, que le dictionnaire généalogique (2) qualifie mal à propos deuxième fils de Marc et d'Iolande de Benet, tandis qu'il était leur fils aîné, faute qui avait été commise auparavant par l'histoire de la

---

(1) Pièces fugitives pour servir à l'Histoire de France. Paris, 1759, tome 1, page 101 de l'Itinéraire des rois de France.

(2) Dictionnaire généalogique, par M. D. L. C. D. B., t. 5 ou 2e. vol. du supplément. Paris, 1761, p. 142. Cet ouvrage copie, pour cet article, l'Histoire de la noblesse du Comté-Vénaissin, aux fautes duquel il en ajoute plusieurs autres. Mais j'y ai puisé quelques additions.

noblesse du Comté-Vénaissin, se transporta en Touraine, et s'y établit. Il se retira dans la ville de Tours, et y fit en 1532 l'acquisition des seigneuries de Paradis et de la Branchoire. Il fut ensuite premier président de la chambre des comptes de Bretagne, et fit la branche de M. de Fortia, conseiller au Grand Conseil, fils de messire Bernard de Fortia, maître des requêtes, mort en 1694. Il y eut dans cette branche, aujourd'hui éteinte, plusieurs personnes considérables dans l'église et dans la robe, particulièrement des conseillers d'Etat, et un évêque qui mourut en allant prendre possession de son évêché en Bretagne. Claude de Fortia, chevalier de Malte, qui mourut en 1661, capitaine d'une des galères du roi de France, était de cette branche. C'est ce que prouveront les détails dans lesquels je vais entrer.

Bernard de Fortia eut de Jeanne Miron :

1. Jean de Fortia, archiprêtre de la métropole de Tours, et chanoine de saint Martin de la même ville.

2. François qui suit et qui forma la première branche.

3. Bernard, tige des seigneurs du Plessis, que l'on trouvera après cette première branche sous la lettre A.

4. Marc de Fortia, seigneur de Paradis, fut greffier en chef de la sénéchaussée d'Anjou en 1532, et épousa en 1551 Françoise d'Authon, fille de Jean, seigneur de la Chartonière, et de Bonne Laurencin, de la ville de Lion. Il fut en 1575 trésorier de France en la généralité de Languedoc, ensuite en celle de Touraine en 1582. Depuis il fut président en la chambre des comptes de Bretagne (1), et mourut sans enfans.

5. Pierre de Fortia, abbé de saint Acheul et de Noyers, archidiacre de Tours, fut nommé à l'évêché d'Amiens, et harangua les états de Blois, où il avait été député. Il mourut soupçonné d'avoir été empoisonné, sans avoir pris possession de son évêché : du moins il ne paraît pas qu'il ait jamais rempli ce siège.

6. Jeanne de Fortia épousa, le 22 novembre 1532, Austremoine du Bois, seigneur de Fon-

---

(1) La chambre des comptes de Nantes avait été établie autrefois par le duc de Bretagne. Le roi Charles IX la supprima par l'ordonnance de Moulins, de février 1566, et la rétablit par édit du mois d'août 1568. Voyez l'Encyclopédie. Paris, 1753, t. 3, p. 782, art. Comptes, copié dans l'Encylopédie méthodique, Jurisprudence. Paris, 1783, t. 2, p. 428. Art. Chambre.

taine et de Marans en Touraine, maître d'hôtel du roi.

7. Françoise de Fortia, mariée avec Pierre Forget, seigneur du Bouret, argentier de la reine, et depuis secrétaire du roi François premier. Elle eut entr'autres enfans, Jean Forget, président à mortier au parlement de Paris, et Pierre Forget, connu sous le nom de *sieur de Fréne,* secrétaire d'Etat sous les rois Henri III et Henri IV. Voyez leur article dans le dictionnaire de Moréri. Françoise de Fortia fut dame d'honneur de la reine Catherine de Médicis. Il y en avait alors plusieurs (1).

8 et 9. Deux autres filles religieuses au prieuré de Relai, en Touraine.

Branche des seigneurs de Chailli, à Paris.

VI. François de Fortia, fils de Bernard et de Jeanne Miron, fut seigneur de la Grange, et successivement trésorier des mers du Levant, secrétaire de la chambre du roi, et trésorier des parties casuelles en 1570. Il épousa en premières noces Françoise Mignet, et en secondes noces

---

(1) Histoire de la noblesse du Comté-Vénaissin. Paris, 1750, t 4, p. 623.

Catherine Hotman, veuve de Nicolas de Verdun, intendant des finances, et fille de Pierre, seigneur de Fontenai, et de Jeanne Marteau de la Chapelle. Les armes de la famille de Hotman, par laquelle sa postérité fut continuée, étaient parti emmanché de gueules et d'argent, d'onze pièces, cinq de gueules et six d'argent.

François de Fortia eut de son premier mariage :

1. Madeleine de Fortia, qui épousa 1°., en 1585, Louis Gréné, avocat et depuis conseiller au parlement de Paris; 2°. Michel Sevin, conseiller en la même cour.

2. Jeanne de Fortia, autre fille du premier lit, épousa Charles Billart, d'abord maître des requêtes, ensuite conseiller au même parlement.

François de Fortia eut du second lit :

3. François qui suit.

VII. François II de Fortia fut président des trésoriers de France au bureau des finances de Limoges, et conseiller d'Etat en 1665. Il avait été marié en 1607 avec Catherine Sainctot, fille de Pierre et d'Anne Vizé, dont il eut neuf enfans qui suivent. Les armes de la famille de Sainctot etaient d'or à la face d'azur, chargée d'une fleur de lis d'or, et accompagnée en chef de deux roses de gueules et d'une tête de maure, tortillée d'argent, en pointe.

1. François III de Fortia, né en 1610, conseiller-auditeur en la chambre des comptes de Paris, marié en 1648 à Madeleine Pigrai, dont il n'eut qu'une fille, Françoise de Fortia, morte en bas âge. Madeleine Pigrai, ayant perdu son mari, se remaria en l'an 1649 avec François de Benoise, conseiller et maître d'hôtel ordinaire du roi.

2. Pierre de Fortia, sieur de Génouilli, né en 1613, et mort sans enfans en 1677.

3. Paul de Fortia, né en 1614, mort au berceau.

4. Honoré de Fortia, né en 1617, fut chanoine de Noyon et aumônier du roi. Il mourut en 1695.

5. Etienne de Fortia, né en 1618, mourut à Rome. On a de lui quelques opuscules de piété.

6. Charles de Fortia, qui suit, et continua la postérité.

7. Timoléon de Fortia, mort dans les guerres de Catalogne.

8 et 9. Catherine et Anne de Fortia. Leur sort m'est inconnu.

VIII. Charles de Fortia, seigneur de Chailli et de Boisvoisin, capitaine dans le régiment de cavalerie de Baradat, mourut en 1685 ; il avait été marié, 1°. le 19 juillet 1657, avec Anne de Buade, fille de Pierre, seigneur de Beauregard, lieutenant de la vénerie, et d'Anne Savattier; 2°. avec Anne-Alexandre, morte en 1691. Les armes des Buade étaient d'azur à trois serres de grifon d'or; et celles des Alexandre, d'azur à l'aigle d'argent, éployée et couronnée de même.

Charles de Fortia eut d'Anne Alexandre :

IX. Joseph-Charles (1) de Fortia, seigneur de Chailli, naquit en 1661; il fut reçu conseiller au châtelet en 1690, à la cour des aides en 1695, et conseiller au parlement en 1698. Il fut ensuite maître des requêtes de l'hôtel depuis 1723; conseiller d'Etat et conseiller d'honneur au parlement de Paris: en 1728, M. le duc de Bourbon, par l'estime et la considération qu'il avait pour lui, le chargea d'aller faire en son nom la demande de la princesse de Hesse-Reinsfeld en Allemagne. M. de Fortia partit et s'acquitta de sa commission. La princesse fut épousée par son frère le prince héréditaire, comme fondé de la procuration de M. le Duc. M. de Fortia fut chargé de la ramener avec lui jusqu'à Chantilli, où était alors M. le Duc qui était déjà exilé. Il fut depuis premier président

---

(1) Ces noms ont été transposés dans quelques actes, ce qui a été la matière d'un procès et d'une enquête.

du Grand Conseil, par commission en 1739. Il épousa, 1°., en 1695, Marie-Madeleine l'Archer, fille de Jean-Baptiste, seigneur de Pocanei, conseiller à la cour des aides, et de Marie le Clerc. Elle mourut en 1696, à l'âge de 19 ans. 2°. Au mois de juillet 1698, Marie-Madeleine Thomas, fille de Jean, conseiller au châtelet, et de Marie-Anne Gigault. Les armes de la famille de l'Archer étaient d'azur au chevron d'or, accompagné en chef de deux roses d'argent et d'une croix double en pointe. Celles de la famille de Thomas étaient écartelées de gueules et d'azur à la croix tréflée, au pié fiché d'or en pointe (1).

Charles-Joseph de Fortia mourut à Paris le 17 juillet 1742, ayant eu de Marie-Madeleine Thomas, morte à Dijon en 1719 :

1. Jean-Joseph de Fortia, qui suit.

2. Charles de Fortia, né en 1702, nommé en 1724 à l'abbaye de Saint-Martin d'Epernai, ordre de saint Augustin, au diocèse de Reims. J'ai oui dire que c'était sur lui qu'avait été

---

(1) Ce second blazon est tiré de la généalogie de la maison de Fortia, qui se trouve dans l'Histoire manuscrite de Pernes, par M. Giberti, t. 2, art. Fortia. Cette histoire a été écrite l'an 1740.

composée la chanson de l'abbé Verd. Il est mort à Paris le 4 septembre 1776.

3. Anne-Bernard de Fortia, mort à l'île de Bourbon, le 30 avril 1747 (1), sans avoir été marié.

4. Antoine de Fortia, religieux, puis chanoine de Sainte-Croix de la Bretonnerie, mort le 13 septembre 1750.

5. Marie-Madeleine de Fortia, née en 1699, mariée en 1717 à Claude de la Michaudière, conseiller au parlement de Paris, et ensuite conseiller d'honneur au même parlement ; morte le 29 septembre 1740, sans avoir eu d'enfans.

6. Marie-Anne, né en 1712, mariée à Paris, le 14 septembre 1730, à Gaspar de Fortia, seigneur de Montréal, fils de Jules et de François de Sassenage, dont elle a eu deux filles, Mme. de Gadagne et Mme. de Calvisson, ainsi qu'on le verra ci-après, sous la lettre D.

X. Jean-Joseph de Fortia, né en 1700, capitaine au régiment de Condé, cavalerie, fut chevalier de l'ordre royal et militaire de Saint-Louis. Il épousa le 2 mai 1726 Marie-Anne

---

(1) Cette mort est tirée du Dictionnaire généalogique, par M. D. L. C. D. B., t. 5 ou 2e. vol. du supplément. Paris, 1761, p. 143.

Frizon de Blamont, fille de feu Nicolas-Remi, seigneur de Blamont, président au parlement de Paris, et de Nicole de la Salle, dont il eut les deux enfans qui suivent. Les armes des Frizon étaient d'azur, au sautoir crénelé d'or. Jean-Joseph de Fortia mourut à Paris le 1er. décembre 1768.

1. Jean-Charles, qui suit :

2. Charlotte de Fortia, née le 27 mars 1727, mariée, le 9 mars 1747, à Etienne Marie, marquis de Scoraille, officier des chevau-légers de la garde du roi ; il devint lieutenant général des armées du roi et premier sous-lieutenant des chevau-légers. Charlotte de Fortia, restée veuve le 30 mai 1758, mourut elle-même le 2 mai 1767, ayant eu trois enfans, savoir un garçon et deux filles (1). Une fille seulement lui a survécu, mariée à M. de la Queuille. Son fils vit encore, et il a épousé Mlle. de Langeac.

XI. Jean-Charles de Fortia, né en 1730, mourut en 1741. En lui est fini la branche des Fortia, seigneurs de Chailli.

---

(1) Dictionnaire généalogique, par M. D. L. C. D. B., tome 5 ou 2e. volume du supplément. Paris, 1761, page 144.

A. *Branche des seigneurs du Plessis-Fromentières, issus des seigneurs de Chailli, à Paris.*

VI. Bernard III de Fortia, seigneur de Saint-Mandé, près Vincennes, du Plessis-Fromentières et de Cléreau en Vendômois, était le second fils de Bernard II de Fortia, seigneur de Paradis, et de Jeanne Miron. Il fut reçu conseiller au parlement de Paris en 1563, après avoir exercé un semblable office en celui de Bretagne. Il avait épousé, le 23 novembre 1555, Charlotte Gayant, fille de Louis, seigneur de Varâtre et de Villiers-le-Bel, conseiller au parlement de Paris, et de Catherine Rapouel, dont il eut les sept enfans qui suivent. Les armes des Gayant étaient d'azur, au chevron d'argent accompagné en chef de deux croissans d'or et d'une aigle de même, en pointe. Bernard III de Fortia mourut en 1572, ayant eu pour enfans :

1. Bernard IV de Fortia, qui suit.

2. Jean de Fortia, mort sans alliance.

3. Marc de Fortia, maître en la chambre des comptes de Bretagne, mort garçon.

4. Philipine de Fortia, mariée le 7 mai 1576

avec Jean le Coq (1) seigneur de Grisi, de la Rapée et de la Grange aux Merciers, procureur du roi au baillage du palais.

5. Marie de Fortia épousa, en 1586, Jérôme de l'Arche, seigneur de Saint-Mandé, lieutenant au baillage du palais.

6. Louise de Fortia, mariée, 1°. en 1595 avec Barthélemi Berthier, seigneur de Clairbois, près de Pontoise, gentilhomme de la chambre et de la vénerie du roi ; 2°. avec Antoine Joussier, seigneur de Saint-Bon, officier de la vénerie.

7. Marguerite de Fortia, femme de Jean Arnault, seigneur d'Andrinon, en 1595.

VII. Bernard IV de Fortia, seigneur du Plessis-Fromentières et de Cléreau, reçu conseiller au parlement de Paris en 1585, épousa par contrat passé devant Esnaut, notaire au Mans, le 21 janvier 1586, Marguerite le Clerc, fille de Nicolas, seigneur de Lesseville, secrétaire du roi, et de Jeanne la Forest. Il mourut conseiller-clerc au parlement

---

(1) L'Histoire de la noblesse du Comté-Vénaissin dit le *Cop*, et cette faute a été répétée par les autres généalogistes.

de Paris, en 1621. Les armes de le Clerc étaient d'azur à trois croissans d'or.

Les enfans que lui donna Marguerite le Clerc furent :

1. François de Fortia, qui suit.

2. Louise, mariée en 1608 avec Nicolas de Bailleul, seigneur de Soisi, d'Etiole et du Tremblai-sur-Seine, baron de Château-Gontier et de Vattetot, conseiller et ensuite président à mortier du parlement de Paris et surintendant des finances de la reine. Elle mourut le 31 octobre 1618, n'ayant eu qu'une fille, Marie de Bailleul, qui fut mariée le 21 février 1631 à Claude Mallier, seigneur du Houssai, conseiller d'état et ambassadeur à Venise, où elle mourut le 14 juillet 1640 (1).

3. Marie de Fortia épousa en 1617 René de Chambes, comte de Montsoreau.

Louis, bâtard de Fortia, dit le Roi, eut de son père, en 1629, une pension de quatre cens livres.

VIII. François de Fortia, seigneur du Plessis et de Cléreau, reçu conseiller au parlement de Paris en 1619, épousa, par contrat du 26

---

(1) Le grand Dictionnaire historique, par Moréri. Paris, 1759, t. 2, p. 42, art. Bailleul.

mai de cette même année 1619, Anne de la Barre, fille d'Adam de la Barre, seigneur de Nouant et de Beausseraie, président au parlement de Paris, et de Marguerite Cochelin. Les armes de la famille de la Barre étaient d'azur, à la bande d'argent, accompagnée de deux croissans d'or. François de Fortia, maître des requêtes en 1626, fut nommé intendant de la généralité de Guienne, et mourut conseiller d'état en 1631. Sa veuve, qui avait eu de lui les sept enfans qui suivent, se remaria après sa mort, le 17 mai 1634, avec Achilles de Harlai, marquis de Bréval et de Champvalon, de qui elle n'eut point d'enfans (1).

1. Bernard V de Fortia, qui suit.

2. Claude de Fortia, reçu chevalier de Malte au grand prieuré de France en 1643, mourut en 1661, étant capitaine de galère.

3. François de Fortia, prieur de Montbouchet, chanoine et comte de Brioude en Auvergne, mourut en 1675, et fut enterré dans le sanctuaire de l'église des Bernardines du Précieux-Sang, à Paris.

4. Geneviève de Fortia épousa, le 27 avril 1644, François-Bonaventure de Harlai, mar-

---

(1) Le grand Dictionnaire historique, par Moréri. Paris, 1759, t. 5, p. 529, art. Harlai.

quis de Bréval, seigneur de Champvalon, etc., fils du premier lit d'Achilles de Harlai, mari en secondes noces de la mère de Geneviève. François-Bonaventure fut lieutenant général des armées du roi ; il servit pendant les mouvemens de Guienne et en Italie, où il fut blessé au siège d'Alexandrie. Geneviève de Fortia eut de lui plusieurs enfans, et mourut avant lui, le 9 mai 1677. François de Harlai, frère de François-Bonaventure et beau-frère de Geneviève de Fortia, fut archevêque de Rouen, puis de Paris, commandeur des ordres du roi, duc et pair de France, et nommé par le roi au cardinalat pour la première promotion qui se ferait en faveur des couronnes, mais qui ne put avoir lieu de son vivant (1).

5. Marthe de Fortia, religieuse bernardine, née en 1627.

6. Jean de Fortia, né en 1628.

7. Anne de Fortia, née en 1629.

IX. Bernard V de Fortia, seigneur du Plessis, de Nouant, du Chesne, de Brichanteau, etc., conseiller au parlement de Normandie en 1642, maître des requêtes en 1649, épousa, le 8 juillet de cette même année 1649,

---

(1) Le grand Dictionnaire historique, par Moréri. Paris, t. 5, p. 529, art. Harlai.

Marguerite le Mairat, veuve de Michel du Faultrai, seigneur d'Hières, conseiller du parlement de Rouen, et fille de Jean le Mairat, seigneur de Dreux, conseiller au grand conseil, et d'Anne Colbert de Saint-Pouange, sa première femme. Les armes de la famille le Mairat étaient d'or, au chevron d'azur, accompagné de trois têtes de paon, de même. Bernard de Fortia fut intendant du Poitou, Aunis et la Rochelle, en 1653; d'Orléans et de Bourges, en 1659; d'Auvergne, en 1664; et mourut doyen des maîtres des requêtes en 1694. Ses enfans furent :

1. Jacques de Fortia, mort en bas-âge.
2. Autre Jacques de Fortia, qui suit.
3. François de Fortia, dont le sort m'est inconnu.
4. Anne-Bernard de Fortia, abbé de Notre-Dame du Bouchet, chanoine et comte de Brioude.
5. Anne-Françoise de Fortia, morte au berceau.
6. Anne de Fortia, morte en 1709, dans la communauté des dames Miramiones, dont la maison, établie en 1636 et 1665, était située sur le quai de la Tournelle (1). On trouvera dans

---

(1) Histoire de la ville de Paris, par Lebeuf. Paris, 1754, t. 1, p. 561.

le Dictionnaire de Moréri, à l'article Miramion, de longs détails sur cet établissement fait par Marie Bonneau, épouse de Jean-Jacques de Beauharnais, seigneur de Miramion.

X. Jacques de Fortia, seigneur du Plessis, baron de Nouant et du Chesne, reçu conseiller au grand conseil en 1690, épousa, en janvier 1697, Marie-Matthée Accault, fille de Claude Accault, secrétaire du roi, et d'Anne de Montigni. Il devint en 1714 président au grand conseil, et mourut sans postérité. En lui s'éteignit cette branche de la famille de Fortia.

Sa veuve se remaria en septembre 1727 avec Joseph de Villeneuve, seigneur de Pui-Michel en Provence, capitaine de cavalerie et chevalier de Saint-Lazare. Les armes de la famille d'Accault étaient de gueules au coq d'or, ayant à son cou un écusson d'azur lié de gueules, posé sur une rivière d'argent. Madame de Villeneuve vivait encore en 1740, et n'est morte que dans un âge très-avancé.

B. Branche de la famille de Fortia établie à Avignon, à Carpentras et à Caderousse.

V. Jean III de Fortia, ou Jean-François de Fortia, second fils de Marc-Antoine de Fortia et d'Iolande de Benet, naquit à Montpellier en 1477, et fut seigneur d'Hortès, en Languedoc.

Le 26 décembre 1498, il fit faire l'ouverture et la publication du testament de son père par-devant noble Jean Boussan, chevalier et juge pour le roi à Montpellier. Sans doute son frère aîné, Bernard II de Fortia, qui fut marié à Tours dès l'an 1501, était alors absent de Montpellier, en sorte que Jean de Fortia était devenu le premier héritier naturel de son père.

⨯ Le 25 janvier 1505, noble Antoine de Vitalis, citoyen de Naples, que je crois de la même famille que MM. de Vidal de Lirac, de Carpentras, et frère de noble demoiselle Françoise-Anne de Vitalis, fille de noble Jean de Vitalis, citoyen de Naples et en même tems citoyen romain, et de Marie Sanchez de Saint-Angélo, envoya sa procuration à Gilles de Roys, citoyen d'Avignon, pour consentir en son nom au mariage de Jean de Fortia avec sa sœur, et lui constituer la part qui la concernait pour sa dot. Le 6 mars de la même année, Raimond de Vitalis, autre frère de Françoise, envoya sa procuration pour le même sujet à Egadius Egidii, d'Avignon.

Le 7 avril 1505, notaire Jean *de Ulmo*, d'Avignon, les pactes de mariage entre Jean de Fortia et Françoise de Vitalis furent signés par François de Fortia, procureur de son frère, et par Egadius Egidii, procureur de nobles Antoine et Raimond de Vitalis.

Le 9 juin 1505, Jean donna sa procuration à Bernard de Fortia son frère, pour aller en son nom contracter ce mariage à Rome, où Bernard le contracta effectivement le 9 juillet 1505, par acte que reçut Jean-Baptiste *de Ecclesiâ*, notaire apostolique. Le 15 de ce même mois de juillet, les deux frères de Françoise dressèrent les pactes de mariage, et constituèrent en dot, à leur sœur, la somme de trois mille ducats d'or qu'ils donnèrent à Bernard le 13 novembre 1505, notaires Molino et Ganelli. Les armes de la famille de Vitalis ou Vidal étaient d'or à trois pals de gueules.

La parenté de Françoise de Vitalis, de noble maison romaine, procura à Jean de Fortia l'entrée de toutes les charges et dignités de la ville d'Avignon. Il s'y distingua dans les guerres que le roi Louis XII eut en Italie pour le Milanais, jusqu'à ce que Jules II, ayant séparé ses intérêts de ceux de ce prince, les Fortia refusèrent de servir contre leur souverain, et se retirèrent en 1507 à Avignon, où Jean de Fortia exerça toutes les charges accordées aux citoyens nobles. Le 8 juillet 1517, Iolande

Iolande de Benet, mère de Jean III, fit son testament, dans lequel elle institua ses héritiers Jean et Albert de Fortia, ses fils. Jean fut nommé consul d'Avignon l'an 1531, avec François de Galéan et Jean de Donis, seigneur de Goult. Il obtint en conséquence des lettres patentes en parchemin des consuls d'Avignon, signées sur le repli Henrici, et cachetées du cachet des armes de la ville, en date du 21 août 1533, attestant qu'il avait exercé les charges réservées aux citoyens nobles.

Le 10 septembre 1544, notaire Louis Gautéri, d'Avignon, Françoise de Vitalis fit son testament, par lequel elle nomma son héritier Marc de Fortia son fils. Elle y fait divers legs aux pauvres et à ses domestiques, ainsi qu'à ceux de son mari et de ses enfans ; à son frère Raimond de Vitalis ; à son neveu François de Vitalis, conseiller au parlement de Provence; à Blanche de Vitalis, sa nièce, femme de Clément de Pérussis, seigneur de Caumont ; à Marie de Vitalis, son autre nièce, femme de Pierre de Sades, seigneur d'Agoût ; à Jérôme de Fortia, veuve de noble Michel de Vitalis ; et à chacun de ses enfans.

Jean de Fortia obtint, au mois de juillet 1545, des lettres de naturalisation que l'on trouve à la page 398 du quinzième livre des chartres de la chambre des comptes de Paris, dans lesquelles il est qualifié citoyen de Barcelone : ce qui donne lieu de conjecturer que, quoiqu'il fût pour lors établi dans le Comté-Vénaissin, il avait néanmoins résidé à Barcelone, et qu'il en avait conservé le droit de bourgeoisie.

Il fut trésorier général du Comté-Vénaissin pendant les guerres civiles, et en administra les deniers avec beaucoup d'intégrité.

Le 6 novembre 1553, notaire Louis Gautéri (1), d'Avignon, Jean de Fortia fit son testament, par lequel il nomma ses quatre fils héritiers par égale part. Il y fait plusieurs legs à ses domestiques, à ses amis, aux pauvres et aux couvens, entr'autres à l'hôpital de Saint-Bernard, d'Avignon, auquel il lègue 96 linceuls neufs et 24 usés. Il nomme Benoît Bertrandi, l'un de ses gendres, son exécuteur testamentaire.

Il mourut la même année à Avignon, à l'âge de 77 ans. Il fut enseveli dans une chapelle qu'il avait fait construire et doter, la plus ancienne et la première qui fût au couvent qu'avaient les pères Minimes. Son sépulcre était porté par des colonnes, et au plafond on voyait ses armoi-

---

(1) Et non Louis Barrier, comme le dit l'Histoire de la noblesse du Comté-Vénaissin. Paris, 1750, tome 4, page 622.

ries, et on lisait une inscription que ses quatre fils y avaient fait graver.

L'église du couvent des Minimes n'appartenait pas à ces religieux du tems de Jean de Fortia. Elle était à ceux de la commanderie de Notre-Dame de la Merci. Le couvent et l'église furent donnés aux Minimes le 20 avril 1575 par le cardinal d'Armagnac. Dans la suite, la chapelle menaçant ruine, les moines furent obligés de jeter un arceau pour en soutenir la voûte, de démolir l'autel, et d'en construire un nouveau au lieu où se trouvait le tombeau porté par quatre colonnes, où on lisait l'inscription dont on vient de parler. La démolition se fit du consentement de M. le marquis de Fortia-Montréal et de Mme. la comtesse d'Ampus. La chapelle fut reconstruite aux frais des Minimes.

Les enfans de Jean de Fortia et de Françoise de Vitalis furent :

1. Marc de Fortia, qui suit.

2. Charles de Fortia, né en 1509, fut naturalisé avec ses frères par lettres patentes du roi Henri II, registrées au parlement de Provence le 15 juillet 1550. Il fut capitaine ou gouverneur du château et pont de Sorgues, dans le Comté-Vénaissin, et se maria par contrat passé devant Louis Barrière, notaire d'Avignon, le 14 février 1558, avec Jeanne de la Sale,

fille de Clément, seigneur de la Garde (fief situé à Bédarrides et différent de la Garde-Paréol, dans le Comté-Vénaissin), et d'Anne de Belli. Les armes de la famille de la Sale étaient lozangé d'argent et de gueules, au chef d'argent, chargé d'un lozange d'azur acosté de deux lézards de sinople, affrontés. Le 18 janvier 1569, Charles de Fortia acheta à Avignon une maison qui appartenait avant la révolution de 1789 à M. le marquis de Conceyl, et qui est aujourd'hui possédée en partie par Mlle. d'Honorati, et en plus grande partie par M. Imbert Delonnes. Le 17 octobre 1571, Charles fit son testament, par lequel il ordonna qu'on l'ensevelît dans l'église de Notre-Dame de la Merci, où Jean son père avait été enterré. Il légua à chacune de ses trois filles la somme de quatre mille livres tournois, lorsqu'elles se marieraient. Il légua à Torquat, son fils puîné, la somme de six mille livres tournois lorsqu'il aurait atteint l'âge de 25 ans. Il substitua sa maison d'Avignon aux enfans mâles de sa descendance. Il nomma son fils aîné son héritier universel, et choisit pour exécuteurs testamentaires Jeanne de la Sale son épouse, Marc de Fortia son frère, et François de la Sale son beau-frère. Il laissa de Jeanne de la Sale, 1°. et 2°. Laurens et Louis de Fortia, naturalisés avec leur mère, par lettres du roi Charles IX, données à Moulins en février 1566. Louis n'étant pas nommé dans le testament de son père, mourut sans doute avant lui. Laurent, qui prenait le titre d'écuyer, épousa en 1594, noble dame Louise de Faret de Saint-Privat, fille de noble et magnifique seigneur Jacques de Faret, seigneur de Saint-Privat, et de noble demoiselle Hippolite de Grimaud, dont il n'eut point d'enfans. Son oncle maternel, Clément II de la Salé, seigneur de la Garde, le nomma tuteur et curateur de ses enfans, par son testament du 12 octobre 1601. En cette qualité, Laurent de Fortia, après la mort de Clément II de la Sale, fit commencer l'inventaire de ses biens le 12 octobre 1609, et cet inventaire fut clos et arrêté par lui le 9 septembre 1610. Le 19 décembre 1625, il fonda une chapelle dans l'église des Jésuites d'Avignon, où il fut enseveli ; et le 10 août 1629, Louise de Faret fonda et dota à Bédarrides une maison en faveur des pères de la Doctrine-Chrétienne, pour l'instruction des peuples et pour y assister les malades. 3°. Torquat de Fortia, seigneur de Coirol, dans la principauté d'Orange, et co-seigneur de la Garde-Paréol, épousa Angélique de Biliotti, fille unique d'Antoine, co-seigneur de la Garde-Paréol, et de Madeleine de Serres. Elle porta à son mari des biens très-considérables qui avaient été achetés par son grand-père, lors de son arrivée de Florence et de son établissement dans ces contrées. Torquat n'eut d'elle que deux filles. L'aînée, Suzanne de Fortia, épousa Louis de Marcel, seigneur de Crochans, dont le fils Michel fut reçu de l'ordre de Saint-Jean de Jérusalem, le 25 août 1648 : la cadette, Jeanne de Fortia, dame de Coirol et en partie de la Garde-Paréol, épousa Michel de Guast, seigneur de Montmirail, dont les enfans furent reçus chevalier de Malte, l'un en 1654, et l'autre, nommé Joseph-Louis, le fut le 21 avril 1664. Les armes de la famille de Biliotti étaient de gueules au chef d'argent, chargé d'une belette de gueules; 4°. Anne-Violand de Fortia, épouse de M. de Poulsanes du Rame; 5°. Marie-Blanche de Fortia, épouse de M. de Panisses; 6°. Susanne de Fortia, femme de M. de Montmirail. Ces deux époux étant morts sans enfans, laissèrent six mille livres de rentes au grand hôpital d'Avignon.

3. François de Fortia, créé chevalier par le pape Pie V, épousa Gabrielle de Tertulles, fille de Nicolas, seigneur de Bagnols, etc., et de Clarice des Rollands. Les armes de la famille de Tertulles étaient d'azur au lis fleuri et boutonné d'argent, tigé et feuillé de sinople. Fran-

çois de Fortia possédait une terre de trente saumées, terroir d'Avignon, lieu dit au chemin de Noves, et confrontant le chemin d'Avignon à Caumont. Il l'échangea par acte du 15 décembre 1572, notaire Antoine de Bédarrides, d'Avignon, contre une maison située à Avignon, paroisse de Saint-Agricol, entre la rue de la petite Fusterie et la rue des Lices ou du Limas, possédée par Melchior de Tributiis, docteur ès droits, seigneur de Sainte-Marguerite, et François de Tributiis, frères, habitans de la ville d'Aix. Cette maison relevait de Pierre de Gérards, seigneur d'Aubres, chevalier de l'ordre du roi, dont la femme et procuratrice, Lucrèce de François, investit François de Fortia pour cette acquisition, par acte du 8 janvier 1573, notaire Louis Girard, de Lisle dans le Comté-Vénaissin. François de Fortia eut deux filles de Mlle. de Tertulles, savoir, 1°. Françoise-Angélique de Fortia, de qui Nostradamus a vanté les charmes et la beauté; elle fut mariée pour la première fois avec Jean de Panisses, gouverneur de la principauté d'Orange, et seigneur d'Oyselet; et pour la seconde fois avec Jean de Granolhasc, seigneur de Saint-Martin, viguier d'Avignon, catalan d'origine, dont les armes étaient d'azur à deux bandes d'argent, chargées chacune de trois grenouilles de sinople. Par acte du 16 juin

1705, notaire Louis Desmarez d'Avignon, François de Granolhasc, chevalier, seigneur de Saint-Martin, et Joseph-François de Granolhasc, chevalier, seigneur de Saint-Vincent, frères, citoyens d'Avignon, vendirent la maison achetée par François de Fortia à noble Esprit-Joseph de Parréli, de qui elle a passé à M. le marquis de Sainte-Colombe. La seconde fille de François de Fortia, nommée Isabelle, épousa François de Jarente, seigneur de la Bruyère. Ce François de Fortia fut curateur de son beau-frère Antoine de Tertulles, fils et héritier de Nicolas, dont en l'acte du 2 mai 1587, où il reconnut en cette qualité un verger d'oliviers au terroir de Pernes, en faveur des pères Célestins.

4. Pompone de Fortia, naturalisé avec ses frères en 1550. Il épousa noble demoiselle de Robin de Graveson, dont il n'eut point d'enfans.

5. Françoise de Fortia épousa le 26 juillet 1540, notaire Louis Gautéri, d'Avignon, noble et magnifique seigneur Pierre Labia, citoyen de Venise, fils d'autre Pierre Labia et d'Eléonor de Vitalis.

6. Jeanne de Fortia épousa le 19 juin 1548, notaire Louis Gautéri, d'Avignon, noble et magnifique seigneur Benoît Bertrandi, citoyen de Venise, fils de Jean Bertrandi, citoyen de la même ville. Benoît Bertrandi fut nommé

exécuteur testamentaire de son beau-père Jean de Fortia, en 1553. De ce mariage descendaient les seigneurs d'Eyrolles et de Saint-Ferréol, établis au Puimeras, diocèse de Vaison, et qui portaient d'or à un lion de sinople, armé et lampassé de gueules.

VI. Marc II de Fortia, fils aîné de Jean et de Françoise de Vitalis, naquit en 1507 à Montpellier, d'où il fut porté à Avignon dès l'âge de deux mois. Il fut co-seigneur de Caderousse, petite ville du Comté-Vénaissin, seigneur d'Urban, de Montréal, de Piles, baron de Baumes, et Viguier d'Avignon.

Il épousa, le 15 décembre 1549, notaire Louis Gautéri, d'Avignon, noble demoiselle Jeanne des Henriques, fille de noble et magnifique Georges des Henriques, chevalier, dit le Capitaine flamand, citoyen d'Avignon et originaire d'Anvers, dont il était aussi citoyen, et d'Éléonore de *Bénédicti* ou de Benet, sa première femme. Les armes de la famille des Henriques ou Henriquez étaient de gueules au soleil d'or, et un chef de même, chargé d'une aigle éployée de sable. Ces armes avoient été données à George Henriquez par l'empereur Charles-Quint, qui le qualifie noble à cette occasion, mais qui ne l'anoblit point, parce qu'il l'était déjà.

Marc fut naturalisé avec ses frères en 1550, et

G 5

il hérita de son père avec eux en 1553. Il jouit après lui de la charge de trésorier général du Comté-Vénaissin, et s'établit à Carpentras à l'occasion de celle de président de la chambre apostolique, dont il fut pourvu par le pape.

Jeanne des Henriques étant morte à Carpentras le 26 septembre 1557, Marc épousa en secondes noces, le 9 janvier 1559, notaire Jacques Balbi, de Carpentras, Françoise de Filleul, veuve de Bernard de la Plane, et fille de Romain, sieur de la Madeleine, et de Marguerite Bonet. Filleul portait d'azur à la croix potencée d'or, accompagnée de quatre bezans de même. C'est ainsi du moins que ces armes sont décrites par M. Giberti, auteur, en général très-exact de l'histoire manuscrite de Pernes. Celui de l'histoire de la noblesse du Comté-Vénaissin, l'abbé Pithon-Curt, veut qu'elles fussent de gueules à une croix de Saint-Antoine d'or, accompagnée de trois bezans, de même, mal ordonnés. Catherine de Filleul, sœur aînée de Françoise, avait épousé, dès le 23 décembre 1549, Simon d'Orléans, seigneur de Bédoin, de Villefranche et de Villebois (1).

Le 14 décembre 1559, notaire Jacques Balbi,

---

(1) Histoire de la noblesse du Comté-Vénaissin. Paris, 1743, t. 2, p. 306.

de Carpentras, Marc acheta de Geneviève de Raynaud, épouse de François de Cambis, la terre et co-seigneurie de Caderousse, dans le diocèse d'Orange.

Il assista, avec Paul de Thézan-Vénasque, Aimar de Vassadel, et Alain des Isnards, gentilshommes de Carpentras, au mariage d'Henri de Vincens, baron de Causans, avec Madeleine de Sagnet d'Astoaud, dame de Mazan, en 1578.

Il fit son testament à Caderousse, notaire Jean Berbiguier, le 14 septembre 1582, après y avoir fait un legs à chacun de ses trois fils; il les nomma ses héritiers par égale part, les substituant les uns aux autres, s'ils venaient à mourir sans enfans.

Il mourut à Caderousse, le 22 décembre 1582, laissant une très-riche succession, que ses trois fils partagèrent également.

Il eut de Jeanne des Henriques, sa première femme :

1. Françoise de Fortia, née le 10 septembre 1551, qui épousa, le 28 juin 1573, noble Jean de Montfaucon, dit de Lévis, seigneur de Boussargues et de Roquetaillade, gouverneur de Bagnols, et gentilhomme ordinaire de la chambre du roi, qui portait, parti d'un trait, le premier quartier de gueules au lion d'or, le second coupé d'or sur argent, au faucon de sable en

chef, et trois chevrons de sable en pointe. La dot de Françoise fut de 2,200 livres tournois.

2. Giles de Fortia, qui suit, et duquel descendent les seigneurs d'Urban, d'Avignon.

3. Jean de Fortia, tige de la branche des seigneurs de Fortia-Montréal, dont l'article suivra celui-ci, et sera représenté par la lettre C.

4. Isabelle Jérôme de Fortia, née le 16 octobre 1554, épousa, le 11 août 1577, noble Jean de Patris. Sa dot fut de 15,200 livres.

5. François-Louis de Fortia, né le 26 mars 1556, mort jeune.

Les enfans du second lit de Marc II de Fortia furent :

6. Paul de Fortia, tige de la branche de Fortia de Piles, dont l'article suivra celui de Fortia-Montréal, sous les lettres D, E.

7. François-Louis de Fortia, né le 18 décembre 1565, mort jeune.

VII. Giles de Fortia, fils aîné de Marc II et de Jeanne des Henriques, naquit le 10 septembre 1552. Son père lui donna la seigneurie d'Urban, et la co-seigneurie de Caderousse avec cent mille livres en espèces sonnantes (1). Il épousa, en 1582, notaire Pérégrin Tonduti, d'Avignon,

---

(1) Histoire manuscrite de Pernes, par M. Giberti.

noble demoiselle Lucrèce de Galiens ou de Galéan des Issards, fille de messire Melchior de Galéan, baron des Issards et de Courtines, chevalier de l'ordre du roi, et de Madeleine Balbe de Berton-Crillon, sœur de Louis Balbe de Berton, surnommé le Brave Crillon. Ils n'eurent point d'enfans. Les armes de la famille de Galiens ou Galéan étaient d'argent à la bande de sable remplie d'or, accompagnée de deux roses de gueules.

En 1583, Giles de Fortia partagea avec ses deux frères, Jean et Paul, l'héritage à eux laissé par leur père, actes reçus par Jean Berbiguier, notaire de Caderousse.

Le 29 octobre 1592, Quenin Barbeirassii, notaire de Vaison, Giles de Fortia épousa en secondes noces noble demoiselle Laurence de Toulon ou Tholon de Sainte-Jalle, petite nièce d'un grand maître de l'ordre de Malte, fille de noble et puissant seigneur messire Faulquet de Toulon, seigneur de Sainte-Jalle, Saint-Marcellin, etc., chevalier de l'ordre du roi et capitaine de cent hommes d'armes de son ordonnance, et de noble dame Guigonne de Comboursier. Les armes de cette famille de Toulon ou Tholon, étaient de sinople au cigne d'argent membré et becqué d'or.

Cette seconde femme fut stérile comme la première. Le 5 février 1595, Henri Bénédicti, notaire de Bollène, Giles de Fortia épousa en troisièmes noces noble demoiselle Françoise de Roquard, fille d'illustre messire Bertrand de Roquard, chevalier de l'ordre du roi, et de noble dame Catherine de Pons, habitans de Bollène, dans le Comté-Vénaissin. Ils eurent plusieurs enfans. Les armes de la famille de Roquard étaient de gueules au pairle et au chevron d'or entrelacés, le pairle soutenant le chevron.

Cette même année 1595, Giles de Fortia eut des patentes de viguier d'Avignon pour le pape, qui envoya ordre au cardinal Aquaviva, légat d'Avignon, d'aller à Arles donner la bénédiction de sa part au clergé et au peuple de cette ville, qui avait reconnu Henri IV pour son roi légitime. Cette cérémonie eut lieu le 14 octobre 1595. On fit des processions générales et des feux de joie à Avignon et à Arles, où les consuls fesaient crier : Vive le roi!

Henri IV n'oublia point que Giles de Fortia avait présidé à cette fête. Le 12 décembre 1597, ce prince lui donna un brévet pour être associé chevalier de son ordre de saint Michel. Il en envoya le collier à Bertrand de Roquard, beau-père de Giles, qui le donna à son gendre, avec toutes les cérémonies d'usage en cette occasion.

Le 28 janvier 1598 (1), Henri IV lui donna un autre brévet pour la commission de capitaine de l'une de ses premières galères vacantes.

Le 27 février 1599, Henri IV lui donna des lettres de naturalité.

En 1603, il fut viguier de la ville d'Avignon, pour la seconde fois, et le 10 mai 1604, Henri IV lui donna des lettres de gentilhomme de sa chambre.

Il appert par un acte du 2 décembre 1604, que Giles de Fortia était tuteur de Paul de Fortia, seigneur de Montréal, son cousin. Cet acte a été rédigé par Pierre Bellon, notaire d'Avignon.

Giles de Fortia fut encore viguier d'Avignon en 1610 et 1617; il mourut à Avignon dans le cours de cette dernière année, et y fut enseveli avec toute la pompe et les cérémonies dues à sa charge, dans une très-belle chapelle de l'église des Dominicains, qu'il y avait fait construire sous le titre de Notre-Dame du Saint-Rosaire, et à laquelle il avait fait des fondations considérables. Il avait fait aussi plusieurs autres fondations.

―――――

(1) Et non 1595, comme le disent l'Histoire de la noblesse du Comté-Vénaissin, t. 1, p. 457, le Dictionnaire généalogique, p. 138, et l'Histoire manuscrite de Pernes, par M. Giberti.

Les enfans qu'il eut de Françoise de Roquard sont :

1. Isabeau de Fortia, née le 28 décembre 1595, fut mariée avec le seigneur de Concoules, en Vivarais. Les titres domestiques portent qu'elle se remaria avec Joachim de Grimoard, seigneur de Beaumont, seigneur et baron de Brison, fils de Rostaing de Grimoard, seigneur de Beaumont, en Vivarais (1), et de Jeanne de Caires de la Bastide d'Antraigues. Il fut maréchal des camps et armées du roi, et s'est fait connaître dans l'histoire, sous le nom du Brave Brison.

2. Louis de Fortia, qui suit.

3. Camille de Fortia, écuyer, seigneur de Vaubelle, naquit le 11 mars 1601. Il se distingua au service de France, et y mourut (2).

4. Paul de Fortia, né le 19 mai 1602, entra dans l'état ecclésiastique, et fut prieur de Salètes.

5. Jean-Baptiste de Fortia, né le 5 juillet 1603, mourut jeune (3).

―――――――――――――――――――――――――

(1) Histoire de la noblesse du Comté-Vénaissin. Paris, 1750, t. 4, p. 622.

(2) C'est ce que disent les trois ouvrages cités dans la note qui précède celle qu'on vient de lire, et aux mêmes pages.

(3) Il ne fut point chevalier de Malte comme le disent les trois ouvrages cités qui l'ont confondu avec un fils de Louis I de Fortia, dont il sera question ci-après.

6. Marc de Fortia, né le 11 juillet 1604, mourut à Bollène en 1606.

7. Susanne de Fortia, née le 23 septembre 1605, fut religieuse dominicaine au monastère de Sainte-Praxède d'Avignon, où elle mourut en 1675.

8. George de Fortia, né le 6 avril 1610, fut doyen du chapitre de Roquemaure, en Languedoc, et mourut à Caderousse en 1674.

VIII. Louis I de Fortia, fils aîné de Giles et de Françoise de Roquard, naquit le 7 décembre 1597. Il fut seigneur d'Urban et co-seigneur de Caderousse.

Le 9 décembre 1618, notaire Jean-Antoine Fabri, d'Avignon, il épousa noble et illustre demoiselle Gabrielle de la Sale de la Garde, fille de messire Clément de la Sale, seigneur de la Garde (1), chevalier de l'ordre du roi, c'est-à-dire de l'ordre de saint Michel, et de noble demoiselle Françoise de Rodulf de Saint-Paulet, sa seconde femme. J'ai déjà donné les armes de cette famille, ci-dessus, p. 148, en parlant de Charles de Fortia, gouverneur du Pont-de-Sorgues.

Le 19 avril 1638, Louis I de Fortia afferma

---

(1) Et non *co-seigneur de la Garde-Paréol*, comme le disent les trois ouvrages cités.

une terre qu'il possédait dans le territoire de Caderousse, au cartier des Fausses-Loubes (1).

Il fut viguier d'Avignon en 1641, et mourut le 9 mai 1656, à Carpentras, dans le palais épiscopal du cardinal Alexandre Bichi, alors évêque de cette ville. Ce fut un accident d'apoplexie qui l'emporta subitement, sans qu'il eût eu le tems de faire ses dernières dispositions. Ses enfans furent :

1. Paul de Fortia, né le 7 décembre 1619, fut prévôt de l'église cathédrale d'Orange et ensuite de celle de Carpentras. Il mourut à Caderousse, dans l'état ecclésiastique, le 12 septembre 1667.

2. Louis II de Fortia, qui suit, et qui continua la postérité.

3. Charles de Fortia, né le 30 novembre 1621, mort jeune.

4. Catherine de Fortia, née le 10 janvier 1622, fut religieuse, puis supérieure du monastère des religieuses de Notre-Dame de Valence, et enfin supérieure du couvent de Notre-Dame de Tournon, où elle mourut en 1702.

5. Rostaing de Fortia, né le 10 janvier 1623,

---

(1) On trouvera ce bail à ferme, p. 186 de la Législation des rentes foncières, seconde partie.

fut tué et enterré à Cervéra, en Catalogne, étant au service de France.

6. Camille de Fortia, né le 20 janvier 1624, mort jeune.

7. Lucrèce de Fortia, née le 14 août 1625, mourut jeune.

8. Jean-Baptiste de Fortia, né le 15 septembre 1626, fut nommé chevalier de Malte le 20 novembre 1639, et mourut en 1642.

9. Anonime de Fortia, née le 20 mai 1627, fut batisée ayant une maladie d'enfant, qui l'emporta le même jour.

10. Jean-François de Fortia, né le 4 octobre 1628, prit l'habit aux Célestins d'Avignon, le 24 décembre 1643, et y mourut d'un accident d'apoplexie, le 22 février 1690.

11. Lucrèce de Fortia, née le 4 novembre 1629, fut religieuse, puis supérieure des Dames de Saint-Paul, à Arles, sous le nom de Marie du Saint-Esprit.

12. François de Fortia, né au mois de mai 1631, fut seigneur titulaire d'Urban, et véritablement seigneur des Tourettes (1). Il com-

---

(1) Et non *de Salettes*, comme le disent l'Histoire de la noblesse du Comté-Vénaissin, t. 1, p. 458, et l'Histoire manuscrite de Pernes, par Giberti.

mença à servir, en 1651, dans les armées du roi de France, ayant été reçu, cette année, capitaine dans le régiment de la Marine, par la démission que son frère Louis II fit de sa compagnie en sa faveur. La première occasion où il se trouva dès le 2 juillet 1652, fut le combat du faubourg Saint-Antoine de Paris, où l'on vit Turenne et le grand Condé se disputer opiniâtrément la victoire. François y fut blessé en donnant des marques de sa valeur. Il se trouva ensuite au siège d'Étampes et à celui de Stenai, où il fut blessé; au forcement des lignes d'Arras; au siège de Montmédi, où il reçut un coup de mousquet qui lui cassa le bras; à celui de Dunkerque; à la bataille des Dunes; au siège de Gravelines, où le roi, sur le champ de bataille, à la tête de l'armée, lui donna la lieutenance colonelle du régiment de monseigneur le duc de Vermandois. Il continua de servir dans toutes les armées, et surtout dans celles que commandait le maréchal de Turenne, qui l'employait beaucoup et l'honorait de son estime. Ce général crut même devoir en instruire Louis XIV, et l'assura qu'il n'avait point de meilleur officier d'infanterie dans ses troupes, ce qui engagea ce prince à lui donner le commandement de Marsal, menacé d'être assiégé. Le roi le fit ensuite major de brigade, ou brigadier pour aller servir dans son armée de Catalogne, lui donnant un ordre pour commander dans toutes les places qui seraient assiégées en Roussillon. Cette marque de confiance était d'autant plus flatteuse, que c'est le premier ordre de ce genre qui ait été expédié.

François de Fortia commanda ensuite le régiment Dauphin, infanterie, avec lequel il se trouva au siège de Bellegarde, et à celui de Puicerda, où il se distingua à la tête de ce corps. Il ne bougea de la tranchée pendant 29 jours que dura ce second siège, remplissant les fonctions d'ingénieur avec la plus grande capacité. Après qu'il eut été terminé, François de Fortia fut mis en garnison dans la place, à la tête du régiment de Sault, pour y commander jusqu'à ce que le roi y eût pourvu. Il en eut le commandement de cette manière, et reçut ordre d'y miner tous les bastions. Il fit faire plus de trois cens fourneaux, et les fortifications de la ville sautèrent avant la conclusion de la paix.

Dès l'an 1675, le roi Louis XIV, satisfait de ses services dans les différens postes qu'il avait remplis, et considérant que sa famille avait autrefois possédé en Catalogne des biens considérables, lui avait accordé la confiscation des bourgs et terres de Fortia et Fortianès, qui ne sont qu'à une lieue de Roses, et les lui avait inféodés. François de Fortia en jouit jusqu'à sa mort.

Après la paix conclue en 1679, Louis XIV ayant reconnu combien il lui importait d'avoir une place forte en Cerdagne, ordonna que l'on y construisît une ville et citadelle, qu'il nomma Montlouis. Ce prince lui en confia le gouvernement sur le pié des grands de 12,000 fr., avec ordre de donner tous ses soins à la construction de cette place importante pour la sûreté du Roussillon et d'une partie du Languedoc. Il en jouit aussi jusqu'à sa mort.

Il se trouva en dernier lieu au siège de Roses, où il accompagna le maréchal de Noailles qui investit cette place le 28 mai 1693. François de Fortia contribua de son mieux à la réduction de cette place dont il connaissait les fortifications. Elle capitula le 9 juin de la même année, et ne fut rendue qu'à la paix de Risvick, en 1697 (1).

Quoique François de Fortia n'eût jamais été employé comme ingénieur, il avait cependant un talent marqué pour défendre des places de guerre. C'était un officier très-intelligent pour

---

(1) Le grand Dictionnaire historique, par Moréri. Paris, 1759, art. Roses.

la conduite des convois. Il connaissait parfaitement cette guerre de chicane que les détachemens des armées se font dans des pays coupés par des montuosités et des défilés. M. de Louvois estimait beaucoup M. d'Urban ; c'est ainsi qu'on l'appelait ; et le roi témoigna par l'ordre de Saint-Louis qu'il lui donna lors de son érection en 1693, l'opinion qu'il avait de sa valeur et de sa capacité (1).

Il mourut en 1700.

13. Joachim de Fortia, né au mois d'octobre 1632, mourut jeune.

14. Gilles de Fortia, né en 1634, mourut jeune.

15. Marie de Fortia, née le 19 janvier 1635, fut religieuse aux Dames de Saint-Paul à Arles, sous le nom du Saint-Sacrement.

16. Charles de Fortia, né le 20 septembre 1638, fut doyen du chapitre de Roquemaure, et mourut d'un accident d'apoplexie qui lui avait pris en disant la messe, la nuit du dernier août au premier septembre 1718.

17. Françoise de Fortia, née au mois d'avril

---

(1) Histoire de l'ordre de Saint-Louis, par M. d'Aspect. Paris, 1780, t. 2, p. 256.

1639, fut religieuse aux Dames de Saint-Paul à Arles, sous le nom de la Conception.

IX. Louis II de Fortia, fils de Louis I et de Gabrielle de la Sale, naquit à Caderousse le 7 décembre 1620. Il fut seigneur d'Urban, co-seigneur de Caderousse, etc.

Il servit avec distinction dans le régiment d'infanterie de la Marine, dont il devint premier capitaine et commandant de bataillon, après avoir fait plusieurs campagnes, s'être trouvé à plusieurs sièges, et avoir reçu plusieurs blessures. Ayant ensuite remis sa compagnie à son frère François, il quitta le service et se maria le 12 avril 1651 avec noble demoiselle Marie de Vivet de Montclus, fille de feu noble Pons de Vivet, seigneur de Montclus, et de noble demoiselle Jeanne d'Isnards, d'Avignon. Le contrat fut dressé par Antoine Fort, notaire d'Avignon. Les armes de cette famille de Vivet étaient d'azur, au sautoir d'or, cantonné de quatre croix potencées de même. Marie de Vivet mourut le 25 décembre 1662, quelques heures après être accouchée de Jacques-Joseph de Fortia.

Nommé en 1663 élu ou sindic de la noblesse du Comté-Vénaissin, Louis II de Fortia fut député en cette qualité vers le roi Louis XIV pour des affaires importantes de la province.

Il mourut le 31 décembre 1703, après avoir fait un second mariage, duquel il n'eut point d'enfans.

Les enfans qu'il eut de Marie de Vivet furent :

1. Jeanne-Louise de Fortia, née le 11 mai 1652, fut tenue sur les fonts de batême deux jours après par Louis son grand-père, et Mme. de Galéan de Castellet, sœur de sa mère. Elle fit profession le 15 novembre 1670 au monastère des Dames de Saint-Paul du Refuge à Arles, où elle mourut en 1673.

2. Anonime de Fortia, né le 3 novembre 1653, reçut l'eau batismale, et ne vécut qu'un quart d'heure.

3. Paul de Fortia, qui suit.

4. Gabrielle de Fortia, née à Caderousse le 2 mai 1656, fut tenue sur les fonts par Charles, doyen de Roquemaure, son oncle, et par Mme. de Saint-André, sœur de sa mère. Elle fut religieuse aux Dames de Saint-Paul à Arles.

5. Louis de Fortia, né à Caderousse le 27 septembre 1657, fut tenu sur les fonts le 7 octobre suivant, par Paul, prévôt de Carpentras, son oncle, et par Mme. de Caumont. Il mourut le 15 juillet 1659.

6. Marie de Fortia, née à Caderousse le 14 novembre 1658, fut tenue sur les fonts par

son frère Paul et sa sœur Jeanne-Louise. Elle mourut le 9 septembre 1660.

7. Jeanne de Fortia, née à Caderousse le 25 février 1660, fut tenue sur les fonts le 1er. mars suivant par M. François de Fortia à la place de M. Camille de Fortia, seigneur de Vaubelle son oncle, et par Mme. de Puget de Chastuel, sœur de sa mère; elle mourut le 9 juillet 1661.

8. Isabeau-Gasparde de Fortia, née à Caderousse le 26 octobre 1661, fut tenue sur les fonts le 16 novembre suivant par M. de la Garde, cousin de son père, et par Mme. de Galéan-Castellet, sœur de sa mère; elle fut religieuse et passée professe, le 25 mars 1678, au monastère de Sainte-Praxède d'Avignon.

9. Jacques-Joseph de Fortia, né à Caderousse le 25 décembre 1662, fut tenu sur les fonts le surlendemain 27 décembre par M. de Saint-André, beau-frère de son père, et Mme. de Tresques. Il fut connu dans sa jeunesse sous le nom de chevalier d'Urban (1).

Il fit plusieurs campagnes avec distinction au service de France, dans le régiment de Piémont, où il était capitaine. Le 9 janvier 1683, le ministre Louvois, vicaire général des ordres de Notre-Dame du Mont-Carmel et de Saint-

---

(1) Mercure galant de janvier 1696, p. 196.

Lazare de Jérusalem, reçut Jacques-Joseph de Fortia chevalier de ces ordres. Le chevalier d'Urban passa au bout de quelques années dans le régiment d'infanterie de Tournaisis, où il se distingua à la retraite du combat de la Boyne, le 1er. juillet 1690. Il fut ensuite en Piémont, où le roi lui donna la majorité du régiment de Tournaisis. Ce régiment était devant la place de Coni dont on fesait le siège en 1691 (1). Le chevalier d'Urban se jeta avec lui dans cette place : il y reçut un coup de mousquet qui lui cassa l'épaule, et dont il ne guérit qu'avec peine. Son régiment ayant été commandé pour défendre Casal, il ne songea, après la guérison de sa blessure, qu'à entrer dans cette place, nonobstant tous les périls. S'étant donc embarqué à Villefranche pour s'y rendre incessamment, il fut pris et dépouillé par des corsaires, dont il fut heureusement délivré moyennant une somme d'argent, et rendu ensuite à Gênes, d'où il n'essuya pas moins de dangers pour se jeter dans cette place bloquée de toutes parts. Louis XIV lui donna la lieutenance colonelle

---

(1) Le grand Dictionnaire historique, par Moréri. Paris, 1759, art. Coni. On trouvera les détails de ce siège dans l'histoire de Louis XIV, par Reboulet. Avignon, 1744, t. 2, p. 449.

du même régiment. Enfin après s'être distingué en plusieurs occasions à la tête de ce régiment, ses blessures commençant à lui faire sentir le besoin d'une vie moins agitée, et la paix rendant ses services moins nécessaires, il se retira à Avignon, où il prit le nom de comte d'Urban, en épousant, le 6 janvier 1700, noble demoiselle Catherine de Bellon de Moleson, dame de Saint-Lambert en Provence, au Diocèse de Carpentras, très-riche héritière, fille unique de François de Bellon, seigneur de Moleson et de Diane d'Astuaud, dame de Saint-Lambert. Les armes de la famille de Bellon étaient écartelé au 1 et 4, d'or à 4 pals de gueules, au 2 et 3, lozangé d'or et de gueules. Ils n'eurent point d'enfans. En 1708, Jacques-Joseph de Fortia leva un régiment à Avignon pour le service du pape Clément XI (1).

Le comte d'Urban fut député au roi Louis XIV en 1710 par la ville d'Avignon, pour féliciter ce prince sur la naissance de Louis de France, duc d'Anjou, qui parvint à la couronne le 1er. septembre 1715 sous le nom de Louis XV.

---

(1) Sur les motifs de cette levée de troupes qui fut suivie promptement de la paix, voyez l'Histoire de Clément XI, par Reboulet. Avignon, 1752, p. 231 et suiv. jusqu'à 246.

Jacques-Joseph de Fortia avait été nommé premier consul d'Avignon pour cette année, et il reçut des patentes de viguier de cette ville pour l'année suivante 1716. Il mourut en 1741. Son épouse lui a survécu long-tems.

X. Paul de Fortia, fils de Louis II et de Marie de Vivet, naquit à Caderousse le 10 février 1655. Le surlendemain l'abbé Tacussel, vicaire de Caderousse, lui jeta l'eau batismale, et il célébra le 16 les autres cérémonies du batême. L'enfant fut alors tenu sur les fonts par Paul de Fortia, seigneur de Montréal, son grand-oncle, et par Gabrielle de la Sale de la Garde, dame d'Urban, sa grand'mère. Il fut seigneur d'Urban, co-seigneur de Caderousse, et porta le titre de marquis d'Urban.

Après avoir fait plusieurs campagnes dans l'armée de Catalogne auprès de son oncle François de Fortia, seigneur des Tourettes, s'être trouvé avec lui à un très-rude combat contre l'armée d'Espagne, qui fut battue au village de Pouilles, entre Roses et Collioure, de même qu'à la prise de Bellegarde et de Puicerda, place très-importante pour la frontière du Roussillon, il quitta le service en 1681, et se retira à Avignon, où il se maria.

Le 4 mai de cette année 1681, Mgr. Jean-Jacques d'Obeilh, évêque d'Orange, conseiller du roi en ses conseils d'état et privés, abbé et comte de Montfort, fit les cérémonies de son mariage avec haute et puissante dame Marie-Esprit de Vissec de la Tude de Ganges, veuve de haut et puissant seigneur messire Henri du Fayn, marquis de Péraud en Vivarais, baron de Vézenobres et autres places, fille de haut et puissant seigneur messire Charles de Vissec de la Tude, marquis de Ganges, baron des états du Languedoc, et de feue haute et puissante dame Diane de Joannis de Châteaublanc. Le contrat fut reçu par Thomas Rivasse, notaire de Caderousse. Marie se constitua en dot la somme de 64,554 liv., savoir, 1°. 33,000 l., bonne et grosse monnaie, pour un legs de pareille somme à elle fait par sa mère dans son dernier et valable testament, à prendre sur haute et puissante dame Françoise de Castellane, marquise d'Ampus, dont le premier paiement devait se faire au jour de Noël prochain, au cinq pour cent ; 2°. la somme de 22,000 francs, monnaie de roi, à prendre sur haut et puissant seigneur messire Jean-Baptiste d'Urre de Boulin de Paris, marquis de Montanegres, lieutenant-général pour le roi en la province de Languedoc, et sur messire Jules-César du Fayn, marquis de Péraud, qu'ils doivent pour les causes exprimées dans l'acte de transaction passé entr'eux le 23 août 1680, devant M. Adam, notaire de la ville de Montpellier; 3°. 9554 livres, bonne et grosse monnaie, payables dans cinq années, à compter du jour du mariage, pour tous et chacuns des droits présens et à venir qu'elle avait et pouvait avoir sur les biens dudit seigneur marquis de Ganges son père, aussi-bien que sur l'héritage de feue dame Laure de Rousset de Saint-Sauveur, marquise de Roussans, sa grand'mère. La famille de Vissec portait écartelé d'argent et de sable. La mère de Marie-Esprit de Vissec était cette dame de Ganges, que sa beauté et les malheurs qui en furent la suite ont rendue fameuse dans l'histoire de son tems.

De ce mariage naquirent huit enfans, qui suivent : Marie de Vissec fit son testament le 15 mars 1693, notaire François Aubert, d'Avignon.

Paul de Fortia, marquis d'Urban, fut d'abord élu de la noblesse du Comté-Vénaissin. Il fut ensuite nommé en 1723 premier consul, et l'année suivante viguier de la ville d'Avignon. Il fut viguier pour la seconde fois en 1728, et premier consul aussi pour la seconde fois en 1731. Il mourut à Avignon le 17 mars 1734, âgé de 79 ans, et non de 84 comme le porte faussement son extrait mortuaire.

Les enfans qu'il eut de Mlle. de Ganges furent :

1. Marie de Fortia, née à Avignon le 14 février 1682. Elle fut tenue le lendemain sur les fonts de batême par messire Charles de Vissec de la Tude de Ganges, son grand-père, et par Mme. d'Urban, belle-mère de son père. Elle épousa en 1699 Paul-Joseph de Fortia, dit de Tholon, appelé le marquis de Sainte-Jalle, fils de Charles-Bernard et de Marie de Tholon, duquel on trouvera l'article ci-après à la branche de Fortia de Piles, sous la lettre D.

2. Françoise de Fortia, née à Avignon le 19 mai 1683, fut tenue le lendemain sur les fonts par Louis de Fortia, son grand-père, et illustre et puissante dame Françoise de Nogaret de Calvisson, tante de son père, le 13 août suivant; ayant été attaquée pendant neuf ou dix heures des accidens de la gouttète, elle mourut subitement à Caderousse.

3. François de Fortia, qui suit.

4. Jeanne-Isabeau de Fortia, née à Avignon le 26 juillet 1688. Le lendemain, elle fut tenue sur les fonts de batême par Charles de Fortia, doyen de Roquemaure, son grand-oncle, et par Jeanne de Vivet de Montclus, dame de Chastueil, sa grand'tante. Elle fut reçue au monastère de Sainte - Praxède d'Avignon le

16 novembre 1703, et y fit sa profession le 17 novembre 1704.

5. Catherine de Fortia, née à Avignon le 1er. décembre 1691. Elle fut tenue sur les fonts par Jacques-Joseph de Fortia son oncle, et Marie-Catherine de Fortia, dame de Caumont, sa tante. Le 3 septembre 1719, elle épousa Dominique, marquis de Caux, officier de galères, dont elle eut cinq filles. Quatre furent religieuses, et la cinquième épousa son cousin-germain, Hercules-Paul-Catherine, marquis de Fortia. C'est chez elle que mourut la marquise de Caux, en 1778, âgée de 87 ans.

6. Françoise-Victoire-Sibille de Fortia, née à Avignon le 2 janvier 1693. Elle fut tenue sur les fonts par François de Fortia son frère, et Victoire de Fortia, fille de Mme. de Fortia-Montréal, sa cousine; elle épousa en 1710 Louis de Seguins de Pazzis, marquis d'Aubignan, etc., et mourut avant Mme. de Caux sa sœur, laissant plusieurs enfans; savoir, quatre garçons et quatre filles. L'aîné des garçons fut enseigne de galère, quitta le service et épousa Mme. de Châteauvieux, dont il n'eut point d'enfans; le second fut grand-vicaire d'Arles; le troisième, capitaine dans le régiment d'Auvergne, fut chevalier de l'ordre de Saint-Louis, et épousa Mlle. de Séguins de Piégon, dont

il eut plusieurs enfans, et qui vit encore aujourd'hui ; le quatrième mourut avant 1761. Des quatre filles, l'une fut mariée à M. de Maclas, et les trois autres furent religieuses.

7. Alexandre de Fortia, né à Avignon le 1er. mars 1694. Dans le mois de mai suivant, il fut tenu sur les fonts par le marquis de Ganges, Alexandre de Vissec de la Tude, frère de sa mère, et par Mlle. Galéan des Issards, dame de Castellet, cousine de son père. Il fut ecclésiastique sous le nom de l'abbé d'Urban, et mourut doyen de l'église collégiale de Roquemaure.

8. Henri de Fortia, né à Bagnols le 19 novembre 1695, fut préféré par sa mère à ses autres enfans. Il porta le titre de chevalier d'Urban, et mourut dans un âge avancé au château de Sainte-Jalle, ayant été capitaine à la suite du régiment Colonel-Général.

XI. François de Fortia, fils de Paul et de Marie-Esprit de Vissec de la Tude de Ganges, naquit à Avignon le 10 janvier 1685. Le lendemain il fut ondoyé par le curé de la paroisse Saint-Geniez. La cérémonie du batême se fit à Caderousse le 9 décembre suivant, et il fut tenu sur les fonts de la paroisse Saint-Michel par François de Fortia, gouverneur de Mont-louis, son grand-oncle, et Marie de Sassenage, marquise de Fortia-Montréal, sa tante. Il fut seigneur d'Urban, co-seigneur de Caderousse, et porta le titre de marquis d'Urban.

Après avoir été page du roi et avoir fait quelques campagnes dans son régiment d'infanterie, il reçut du vice-légat d'Avignon la commission suivante de capitaine d'une compagnie de grenadiers dans le régiment d'infanterie de son oncle le comte d'Urban.

« Sinibalde Doria, référendaire de l'une et
» de l'autre signature de notre saint père le
» pape Clément XI, vice-légat et gouverneur
» général en la cité et légation d'Avignon, et
» surintendant des armes pour sa sainteté en
» cet état.

» Ayant reçu ordre de notre saint père de
» lever dans cet état des troupes pour son ser-
» vice, nous nous sommes déterminés d'en for-
» mer trois régimens d'infanterie, et désirant
» de les remplir d'officiers capables et expéri-
» mentés, nous avons cru ne pouvoir faire un
» meilleur choix que de M. François de For-
» tia, marquis d'Urban, d'Avignon, dont
» l'expérience en fait de guerre, valeur et
» bonne conduite nous sont connues par les
» informations que nous en avons eues. A ces
» causes, nous l'avons créé et établi, créons et
» établissons par les présentes, capitaine d'une

« compagnie des grenadiers dans le premier
« bataillon du régiment de M. le comte d'Ur-
« ban, avec tous les honneurs, prérogatives,
« commandemens, soldes et émolumens dus à
« ladite charge; commandons et ordonnons à
« tous qu'il appartiendra, de le reconnaître en
« cette qualité de capitaine des grenadiers. Fait
« à Avignon, au palais apostolique, ce 24 juil-
« let 1708. SINIBALDE DORIA, vice-légat.

« Expédié *gratis* par ordre de son Excellence,
« B. BAIULLYS, secrétaire français ».

En 1716, le marquis d'Urban épousa noble et illustre demoiselle Marie-Anne de Bocaud, née en 1692, fille de noble Hercules de Bocaud, président à la cour des aides de Montpellier, mort conseiller-secrétaire d'état, et noble demoiselle Anne de Mariotte, de Montpellier. Les armes de la famille de Bocaud, que l'on prononce Boucaud, étoient d'azur à trois glands renversés d'or, feuillés de même, accompagnés en chef d'une étoile d'or.

Marie de Bocaud étant morte en 1724, François de Fortia épousa en secondes nôces mademoiselle Gertrude-Agathe (1) van Oyen-Brugges

---

(1) Et non *Alide*, comme écrit fautivement l'Histoire de la noblesse du Comté-Vénaissin. Paris, 1750, tome 4, page 622.

de Duras, fille de Jérôme et de Gertrude Ségers ; elle était née à Heiloo en Hollande, et batisée dans l'église catholique de ce lieu le 11 avril 1687. Les barons de Thiennen, de Melderk et de Herk, sénéchaux héréditaires du pays de Liège, sont du nom d'Oyenbruck. Ils sont de bonne maison et bien apparentés. Gertrude-Agathe était déjà veuve de deux maris, dont le premier avait habité Lisbonne et le second Florence. Le marquis d'Urban fut nommé élu ou sindic de la noblesse du Comté-Vénaissin en 1728, et premier consul de la ville d'Avignon en 1733. Il mourut le 3 février 1761, à 76 ans, sans enfans de sa troisième femme, qui lui survécut. Il n'eut des enfans que de Marie de Bocaud, savoir :

1. Hercules-Paul-Catherine de Fortia, qui suit.

2. Paul-Marc de Fortia, né à Caderousse le 27 juin 1720. Le 27 juillet suivant, le doyen de Roquemaure, son oncle, le batisa à Caderousse. Il fut tenu sur les fonts de batême par son grand-père, Paul de Fortia, marquis d'Urban, et sa tante Mme. la présidente de Bocaud. Mme. la marquise de Saint-Véran tint la place de Mme. la présidente qui se trouvait grosse. Paul-Marc mourut âgé de neuf mois, le 27 mars 1721.

3. Marie-Christine-Joséphine-Thérèse de Fortia, née le 27 octobre 1722, reçut l'eau le même jour. Elle fut batisée, le 7 avril 1723, dans l'église paroissiale de Saint-Michel de Caderousse. Jacques-Joseph de Fortia, comte d'Urban, son grand-oncle, et Mme. Marie de Bocaud de Lauzières, à qui Mme. la comtesse de Berton prêta la main, la tinrent sur les fonts de batême. Elle fut appelée pendant sa vie Mlle. d'Urban, et mourut en 1779 à l'âge de cinquante-sept ans, sans avoir jamais été mariée. Par son testament, elle laissa 600 liv. de pension à son frère, autant à sa nièce Pauline, et nomma son héritière Rose-Émilie de Caux, marquise de Fortia, sa belle-sœur, substituant 20,000 fr. à sa nièce, et le reste de ses biens, à l'exception de ceux de Morières, à son neveu Agricol.

XII. Hercules-Paul-Catherine de Fortia d'Urban, fils de François de Fortia d'Urban, et de Marie de Bocaud, naquit à Caderousse, le 14 mars 1718. Il fut ondoyé deux jours après, avec la permission du curé, dans le château de son père, par son oncle Charles de Fortia, ancien doyen de Roquemaure. Il fut ensuite batisé solemnellement à la paroisse de Saint-Michel de Caderousse, le 29 mai 1718, par monseigneur Jean-Jacques d'Obeilh, évêque d'Orange. Il fut tenu sur les fonts par son grand-père Hercules, président de Bocaud, et par sa tante Catherine de Bellon de Moleson de Saint-Lambert, comtesse d'Urban.

Élevé à Paris, au collège Mazarin, il fut nommé capitaine dans le régiment de dragons de Beaufremont, dès l'an 1733, à l'âge de quinze ans. La croix de Saint-Louis lui fut donnée en 1745. Le 21 juin 1747, le comte d'Argenson, ministre de la guerre, lui écrivit qu'en considération de ses services, et de l'impossibilité où ses blessures le mettaient de les continuer, le roi lui accordait sa retraite avec une pension de cinq cens francs. Ces récompenses étaient méritées comme le prouvera le certificat suivant donné par MM. les lieutenant-colonel commandant et les officiers du régiment de Beaufremont.

« L'an 1764 et le 19 octobre, nous soussignés,
» lieutenant-colonel, commandant le régiment
» de Beaufremont, et nous major et capitaines
» présentement au corps, ayant eu l'honneur
» de servir avec M. le marquis de Fortia, cer-
» tifions à tous ceux qu'il appartiendra, que ledit
» sieur marquis de Fortia est entré au régiment
» en qualité de capitaine le 5 novembre 1733,
» qu'il y a fait les deux guerres de 1733 et de
» 1741 avec la plus haute distinction et le plus

» grand courage en toutes occasions, vivant
» avec la plus grande amitié avec ses cama-
» rades, dont il est encore chéri et honoré; il
» fut blessé à la bataille de Dettingen, le 27 juin
» 1743, d'un coup de fauconneau qui lui tra-
» versa l'épaule, dont il a souffert cruellement
» et se ressent encore : cette blessure le mit dans
» la crainte de ne pouvoir plus servir ; mais, mal-
» gré ses souffrances, il n'a manqué aucune cam-
» pagne en Flandre : pendant la campagne de
» 1746, il a eu plusieurs actions particulières
» qui lui ont fait grand honneur. Enfin ses in-
» firmités augmentant chaque jour, il demanda
» à se retirer et à se séparer de ses camarades.
» Il a reçu son ordre et sa pension de retraite
» au moment de l'ouverture de la campagne de
» 1747, et ayant prévu qu'il pourrait y avoir un
» grand événement, il ne voulut point quitter,
» et entra en campagne avec le régiment, et se
» trouva avec lui à la bataille de Laufelt, où il
» reçut, en chargeant avec son escadron, trois
» coups de sabre, dont deux sur le visage et un
» dans le ventre. Après son rétablissement, il
» profita de la grâce que le roi lui avait ac-
» cordée, et nous quitta avec notre estime et la
» plus tendre amitié, en foi de quoi nous avons
» signé le présent, avec les principaux officiers
» du régiment qui ont eu l'honneur de servir

» avec lui, et fait apposer le sceau des armes
» du régiment. Fait à Montauban, le 29 sep-
» tembre 1764, Risdeberg, Grivel de Saint-
» Maurice, Bettainvilliers, de Cessia, Guin-
» trand, d'Aigremont, Montaud, Bourges ».
L'original de ce certificat a été déposé aux archives de l'Ecole-Militaire, et la copie dans les actes de M. Bourtholon, notaire à Caderousse.

En 1748, le marquis de Fortia épousa noble D^{lle}. Rose-Émilie de Caux, plus jeune que lui de dix ans, sa cousine germaine, fille et héritière de Dominique, marquis de Caux, et de Catherine de Fortia. Il a été viguier de la ville d'Avignon en 1755.

En 1761, ou 1762, sa pension fut portée à 590 liv., parce que le roi lui fit placer à fonds perdu, au six pour cent, 1,500 fr. d'arrérages qui lui étaient dus alors.

Il est mort au mois de mai 1790. Sa veuve qui vit encore, a eu quatre-vingts ans au mois de mars 1808, et jouit de la meilleure santé, sans avoir aucune des infirmités ordinaires de la vieillesse.

Les enfans qui lui ont survécu sont :

1. Pauline de Fortia, née en 1753, et morte en 1794, sans avoir jamais été mariée.

2. Agricol de Fortia, qui suit :

XIII. Agricol-Joseph-François-Xavier-Pierre-Esprit-Simon-Paul-Antoine de Fortia d'Urban, né à Avignon, le 18 février 1756, a eu tous ces noms de batême parce qu'il a été batisé le lendemain par la ville d'Avignon dont son père était viguier lorsqu'il est né, et que chacun des magistrats lui a donné son nom. Les consuls de cette ville étaient alors Joseph-François-Xavier de Seytres de Pérussis, chevalier, marquis de Caumont, Pierre Dumenge, Esprit-Simon Commin, et l'assesseur Paul-Antoine Chaternet, docteur ; ils furent tous parrains, et la marraine fut la femme du premier consul, Mme. la marquise de Caumont, dont le nom était Marie-Anne-Geneviève de Montboissier-Beaufort-Canillac. Il portait, avant la révolution de 1789, le titre de comte de Fortia.

Il a été élevé dans une pension particulière à Passi, près de Paris, puis au collège de la Flèche et à l Ecole-Militaire, d'où il est sorti en 1773 avec la croix de Saint-Lazare, pour entrer dans le régiment du roi, infanterie, en qualité de second sous-lieutenant, par brevet du 28 avril 1773. Il n'a servi dans ce corps qu'un petit nombre d'années, des affaires dont toute sa fortune dépendait l'ayant obligé d'aller à Rome où elles devaient être jugées, et où elles l'ont été en sa faveur. Il a été nommé par le pape, colonel des milices d'infanterie du Comté-Vénaissin. Ayant fait imprimer plusieurs ouvrages sur les mathématiques, la morale, la littérature, l'histoire et les antiquités, il a été reçu de l'Académie étrusque de Cortone, de l'athénée de Vaucluse à Avignon, de l'académie de Marseille, de l'académie celtique et de l'athénée des arts de Paris, enfin de la societé des sciences et belles-lettres de Montpellier.

Il a épousé, en 1785, Mlle. de Sainte-Colombe, comme on le verra par le contrat de mariage suivant, qui fera connaître l'ancien stile de ces sortes d'actes.

L'an 1785, et le onzième jour du mois de janvier, pardevant noble et illustre seigneur messire Joseph-Marie Verger, docteur ez droits, aggrégé et avocat, juge de la cour ordinaire de Saint-Pierre de cette ville d'Avignon, pour notre saint père le pape et saint siège apostolique, nous Jean-Jacques Poncet et Louis-Hiacinte Roberti, notaires apostoliques et royaux héréditaires de cettedite ville, soussignés, et en présence des témoins après nommés, furent présens d'une part haut et puissant seigneur messire Agricol-Joseph-François-Xavier-Pierre-Esprit-Simon-Paul-Antoine comte de Fortia, seigneur des Campredons, Rodigone et les Jardinières, chevalier des ordres royaux et militaires de Saint-Lazare et de Notre-Dame de Montcarmel, colonel de l'infanterie avignonaise, citoyen de cette ville, fils naturel et légitime de haut et puissant seigneur messire Paul-Hercules-Catherine (1) marquis de Fortia, seigneur du Lampourdier, la Montagne du Prince et autres lieux, chevalier de l'ordre royal et militaire de Saint-Louis, et de haute et puissante dame madame Rose-Émilie de Caux; et d'autre part, noble et illustre demoiselle mademoiselle Julie-Gabrielle-Marie-Jacqueline des Achards de Sainte-Colombe, fille naturelle et légitime de haut et puissant seigneur messire Jacques-François-Estienne des Achards de Ferrus, chevalier, marquis de Sainte-Colombe, seigneur de Chauvac, Roussieux, Laborel, Pennafort, Villebois, Pierrefeu et autres lieux, citoyen de cette ville, et de feue noble et illustre dame madame Charlotte de Parrellis, mariée en son vivant avec ledit seigneur marquis de Sainte-Colombe, procédant ledit seigneur comte de Fortia, quoique fils émancipé dudit seigneur marquis de Fortia, par acte d'émancipation reçu par M^e. Lusignan,

---

(1) Dans cet acte et dans presque tous ceux qu'a passés M. le marquis de Fortia, il est appelé *Paul-Hercules-Catherine*, au lieu d'*Hercules-Paul-Catherine*.

notaire de Caderousse, dans le registre de M^e. Castion, notaire audit Caderousse, avec la présence, assistance et consentement d'haut et puissant seigneur messire Pierre-Bonaventure des Achards, chevalier, marquis de la Baume, ancien capitaine au régiment de Souvré, infanterie, citoyen de cette ville, en qualité de procureur spécialement fondé à l'effet des présentes par ledit seigneur marquis de Fortia, résidant actuellement à Arles, par procuration originelle, reçue par M^e. Yvaren, notaire royal audit Arles, le 28 décembre dernier, dûment légalisée le même jour, teneur de laquelle procuration sera ci-après avant la clause *de quoi* insérée de mot à mot, insérée et interfoliée au régistre de moidit Roberti, un de nousdits notaires; et ladite demoiselle des Achards de Sainte-Colombe, procédant sous l'autorité dudit seigneur marquis de Sainte-Colombe, son père, et sous celle dudit seigneur juge, pour suppléer au défaut des parens qui pourraient lui être requis pour l'assister aux présentes, conformément au statut municipal de cette ville, déclarant, moyennant son double serment prêté et réitéré, les écritures touchées en mains dudit seigneur juge, n'en avoir de présent aucun en cette ville, de la qualité requise portée par la forme dudit statut, et renonçant, en vertu du même serment que dessus, à la loi première et seconde, *digestis et codice*, *Quod cum eo qui in alienâ potestate est, negotium gestum esse dicatur*, au sénatus consulte macédonien et à tous autres droits, lois, statuts, privilèges et exceptions faits et introduits en faveur des enfans de famille, de l'importance desquels et de leurs effets, ladite demoiselle de Sainte-Colombe a dit et déclaré en avoir été dûment informée, tant ci-devant par son conseil, que présentement par ledit seigneur juge; lesquels dits seigneur comte de Fortia et demoiselle des Achards de Sainte-Colombe, procédant comme dessus, ont promis de se prendre et recevoir en vrais et légitimes époux, et leur mariage solemniser en face de notre sainte mère Église, catholique, apostolique et romaine, à la première réquisition de l'un ou de l'autre, ou de leursdits parens, à peine de tous dépens.

Et d'autant que la dot est constituée aux hommes de la part des femmes pour le plus facile support des charges du mariage, à cette cause, ledit seigneur Jacques-François-Estienne des Achards, marquis de Sainte-Colombe, de son gré pour lui et les siens, a donné et constitué en dot et pour cause de dot, à ladite demoiselle des Achards de Sainte-Colombe, sa fille, et pour elle audit seigneur comte de Fortia, son futur époux, stipulans et acceptans pour eux et les leurs, et à compte des droits qui compètent à ladite demoiselle des Achards de Sainte-Colombe, sa fille, sur les biens tant libres que substitués de feu M. de Parrellis, son grand-père, et sur ceux de ladite feue dame de Parrellis, sa mère, à savoir, la somme de soixante-huit mille livres, monnaie de France, à compte de laquelle somme il a été payé, par ledit seigneur marquis de Sainte-Colombe, audit seigneur comte de Fortia, lors des articles dudit mariage, signé par chacune desdites parties, en date du 29 décembre dernier, la somme de huit mille livres, que ledit seigneur comte de Fortia a déclaré et confessé avoir réellement eue et reçue dudit seigneur marquis de Sainte-Colombe, en espèces sonantes d'or et d'argent, dont bien content et satisfait de ladite somme de huit mille livres, à compte de ladite constitution, a quitté ledit seigneur marquis de Sainte-Colombe, avec pacte, etc., renoncé, etc.

Et pour les soixante mille livres restantes de ladite constitution, il a été convenu et accordé que ledit seigneur marquis de Sainte-Colombe en supportera l'intérêt au fur de quatre pour cent, ce qui formera une rente annuelle de 2,400 liv., payable en deux paies, dont l'une de 1,200 liv., six mois après la célébration du présent mariage, et l'autre aussi de 1,200 liv., six mois après le paiement de la première paie; et ainsi sera continué annuellement de six en six mois, jusqu'au remboursement de ladite somme de soixante mille liv., que ledit seigneur marquis de Sainte-Colombe pourra faire à toutes ses volontés, en un ou plusieurs paiemens, dont le moindre sera de dix mille livres, et l'intérêt de ladite somme de soixante mille livres diminuera à proportion du paiement qui pourra être fait à toutes les volontés dudit seigneur marquis de Sainte-Colombe.

Laquelle constitution de dot sera imputable sur les biens et droits qui sont acquis à ladite demoiselle des Achards de Sainte-Colombe, tant sur les biens et héritages libres et substitués dudit seigneur de Parrellis, son grand-père, que sur ceux de ladite dame de Parellis, sa mère; et ne sera préjudicié en rien à ladite demoiselle de Sainte-Colombe, par rapport aux droits et substitutions qui pourront lui échoir, tant en vertu du testament dudit seigneur de Parrellis, qu'en qualité de co-héritière *ab intestat* de ladite dame de Parrellis, sa mère, et tous ces droits et substitutions lui seront réservés en entier après le décès dudit seigneur marquis de Sainte-Colombe, son père : Et encore en contemplation dudit mariage, ledit seigneur marquis de Sainte-Colombe a donné et donne à ladite demoiselle

moiselle des Achards de Sainte-Colombe, sa fille, et audit seigneur comte de Fortia, son futur époux, stipulans et acceptans, la jouissance, l'usage, l'utilité et commodité pendant la vie dudit seigneur de Sainte-Colombe, d'un appartement meublé, tel qu'il se trouve dans la maison de l'hérédité dudit feu seigneur de Parrellis, situé aux premier et second étages, visant sur la rue de la Petite-Fusterie, devant l'église de Saint-Agricol (1), à l'exception du grenier qui se trouve au-dessus du salon rouge de compagnie, et d'une chambre à alcove qui précède ledit grenier, ainsi que le repassage qui se trouve sur le grand escalier, à l'exception encore de l'appartement situé au midi, au second étage, consistant en trois pièces ; de plus, ledit seigneur marquis de Sainte-Colombe cède la cuisine au-dessous de l'appartement au midi, ci-devant cédé, ainsi que l'office attenant, et le bûcher formant un vestibule. Ledit seigneur marquis de Sainte-Colombe donne encore la jouissance, sa vie durant, des meubles, linges, vaisselles et autres choses provenantes de l'hérédité dudit feu seigneur de Parrellis, et telles

---

(1) Cette maison est en plus grande partie la même que celle de laquelle il a été question ci-dessus, p. 152, à l'article de François de Fortia, fils de Marc.

I

que les parties ont convenu peu avant ces présentes; desquels meubles, linges, vaisselles et autres choses, il sera fait un inventaire privé, par chacun d'eux signé, avec un chargement privé, signé par ledit seigneur comte de Fortia, et ladite demoiselle des Achards de Sainte-Colombe : Et encore ledit seigneur marquis de Sainte-Colombe donne la jouissance, l'usage, l'utilité et commodité, sa vie durant, à ladite demoiselle de Sainte-Colombe, sa fille, et pour elle audit seigneur comte de Fortia, son futur époux, de la maison de campagne appelée Saint-Jean, située dans le terroir de Lisle, du petit jardin confrontant ladite maison, et de tous les meubles qui se trouvent dans ladite maison de campagne. Et en outre, ladite demoiselle des Achards de Sainte-Colombe, autorisée dudit seigneur marquis de Sainte-Colombe, son père, et dudit seigneur juge, de son gré s'est constituée et constitue en dot, au nom et à titre de dot, et pour elle audit seigneur comte de Fortia, son futur époux, stipulant et acceptant, la moitié de tous et un chacun ses autres biens, meubles, immeubles, noms, droits, raisons, actions, successions et prétentions présens et à venir, généralement quelconques; de laquelle moitié desdits biens, consommé que sera le présent mariage, ladite demoiselle des Achards de Sainte-

Colombe en a fait et établi ledit seigneur comte de Fortia son futur époux, son procureur légitime et irrévocable, pour iceux demander, exiger et recevoir, tant en jugement que dehors, en acquitter valablement les payeurs, et généralement faire tout ce qu'un mari peut et doit faire des biens et droits de son épouse, à la charge qu'en les recevant, en tout ou en partie, il sera tenu de les reconnaître et assurer, ainsi que dès maintenant, reconnaît et assure ladite somme de huit mille livres par lui reçue, à compte de ladite constitution, lors desdits articles signés le 29 décembre dernier, que tout ce qu'il exigera et recevra à l'avenir des biens et droits de ladite demoiselle de Sainte-Colombe, sa future épouse; et c'est sur tous ses biens-meubles, immeubles, présens et à venir quelconques, avec promesse de rendre et restituer tout ce qu'il aura reçu, tout cas de restitution ou répétition de dot arrivant : Et l'autre moitié de tous et chacuns desdits biens présens et à venir restera en nature de paraphernaux et extradotaux, afin que ladite demoiselle des Achards de Sainte-Colombe en jouisse en son propre et sous cette qualité, indépendamment dudit seigneur comte de Fortia; dans laquelle réserve de ladite moitié de biens en paraphernaux et extradotaux, ne seront point comprises lesdites

68,000 livres de ladite constitution de dot, et ladite demoiselle des Achards de Sainte-Colombe ne pourra user de ladite qualité que sur la moitié de ses autres biens présens et à venir.

Il a été convenu, dans lesdits articles de mariage, que ledit seigneur comte de Fortia donnera, ainsi qu'il promet de donner, à ladite demoiselle de Sainte-Colombe, sa future épouse, des bagues, joyaux et diamans, pour la somme de 4,000 livres, lesquels ne seront censés payés que par un acquit public que ladite demoiselle de Sainte-Colombe en concédera, lorsqu'elle recevra lesdites bagues, joyaux et diamans de la valeur de 4,000 livres : Et en outre, il a été convenu que ledit seigneur comte de Fortia donnera et supportera, ainsi qu'il promet de donner et supporter à ladite demoiselle de Sainte-Colombe, sa future épouse, une pension annuelle et viagère de 1,000 livres, qui servira pour son entretien personnel, et sera payable de six mois en six mois, de 500 livres pour chaque sémestre, dont le paiement du premier sémestre se fera dans six mois, et le paiement du second sémestre se fera six mois après, et sera continué annuellement de six mois en six mois, jusqu'à ce que ladite demoiselle de Sainte-Colombe jouisse de pareille pension sur les biens qu'elle s'est réservée en paraphernaux et extradotaux : Et encore ledit seigneur comte de Fortia a donné à ladite demoiselle de Sainte-Colombe une pension annuelle et viduelle de 1,200 livres, payable une année après le décès dudit seigneur comte de Fortia, et annuellement pendant la viduité de ladite demoiselle de Sainte-Colombe, et jusques à convol à des secondes noces, laquelle pension viduelle sera éteinte au profit des héritiers dudit seigneur comte de Fortia, lors du décès de ladite demoiselle de Sainte-Colombe, ou par son remariage.

Et pour l'amitié réciproque que lesdits futurs époux ont dit avoir l'un pour l'autre, procédans, comme dessus, se sont respectivement donné et donnent, par donation d'entrevifs irrévocable, en augment de dot et contr'augment, savoir, ledit seigneur comte de Fortia, à ladite demoiselle de Sainte-Colombe, sa future épouse, la somme de 6,000 livres, monnaie de France, et ladite demoiselle de Sainte-Colombe, audit seigneur comte de Fortia, son futur époux, celle de 5,000 livres, susdite monnaie, à prendre par le survivant sur les biens du premier mourant d'iceux, avec ou sans enfans du présent mariage.

Convenu que tous les habits, linges, bagues, bijoux et diamans faits et à faire à l'usage de l'un ou de l'autre, et généralement tout leur trousseau, appartiendront au survivant d'iceux.

Et ici même, pardevant ledit seigneur juge, nousdits notaire et témoins, fut présente haute et puissante dame madame Rose-Émilie de Caux, épouse libre dans ses actions et dans l'administration de ses biens, dudit seigneur Paul-Hercules-Catherine, marquis de Fortia, résidant actuellement à la ville d'Arles, ladite dame de Caux habitante de cette ville, laquelle ensuite, du consentement donné par ledit seigneur marquis de Fortia, son mari, écrivant nousdit Roberti, un de nousdits notaires, le 16 avril 1783, à l'effet que tous les actes que ladite dame passera sans l'assistance et intervention dudit seigneur son mari, soient aussi bons et valables que si ledit seigneur marquis de Fortia eût intervenu et autorisé en iceux ladite dame de Caux, son épouse; procédant néanmoins sous l'autorité dudit seigneur juge, pour suppléer au défaut des parens qui pourraient lui être requis pour l'assister à la passation des présentes, conformément au statut municipal de cette ville; déclarant, moyennant son double serment prêté et réitéré, les écritures touchées en mains dudit seigneur juge, n'en avoir de présent aucun en cette ville de la qualité requise portée par la forme dudit statut, et renonçant en vertu du même serment que dessus, à tous les droits, lois, statuts, privilèges et exceptions, faits et introduits en faveur des femmes mariées, de l'importance desquels et de leurs effets, elle a dit et déclaré en avoir été dûment informée, tant ci-devant par son conseil, que présentement par ledit seigneur juge, de son gré, pour elle et les siens, en contemplation du présent mariage qui lui est très-agréable, a donné et donne par donation d'entrevifs irrévocable, ayant force de judicielle insinuation, dès à présent valable, audit seigneur comte de Fortia, son fils, stipulant et acceptant, et humblement remerciant, à savoir : la moitié de tous ses biens meubles, immeubles, présens et à venir, généralement quelconques, pour ledit seigneur comte de Fortia, jouir de ladite moitié desdits biens d'abord après le décès de ladite dame de Caux sa mère, laquelle s'en réserve les fruits, usufruits, usage, utilité et commodité de ladite moitié desdits biens donnés pendant sa vie ; et à son décès lesdits fruits, usufruits, usage, utilité et commodité de ladite moitié des biens donnés, seront unis avec leur propriété au profit dudit seigneur comte de Fortia et de ses enfans, sur laquelle moitié desdits biens donnés ; ledit seigneur comte de Fortia et ses enfans seront tenus de payer et supporter la moitié des charges et dettes imposées et à imposer sur ladite moitié desdits biens donnés, à l'époque du décès de ladite dame de Caux, et tels qu'ils existeront pour lors.

Faites lesdites donations sous toutes les clauses respectives de divestition, investition, promesse de faire avoir, jouir et tenir, et d'être de toute éviction et garantie générale et particulière, en la meilleure et plus ample forme.

Consentans lesdites parties à l'insinuation des présentes partout où besoin sera, constituans à cet effet, pour procureur, tous ceux qui auront l'extrait des présentes en main, et qui la requerront, avec tous pouvoirs requis *ad insinuandum*, et pour prêter tous sermens nécessaires, et généralement faire pour obtenir ladite insinuation *in formâ*.

Le présent contrat de mariage, constitution de dot, pactes, promesses, donations et généralement tout le contenu en icelui, lesdites parties, chacune en ce qui les concerne, et procédans comme dessus, ont respectivement promis avoir à gré et n'y contrevenir directement ni indirectement, à peine de tous dépens, dommages et intérêts ; pour observation de quoi ont respectivement soumis et obligé tous et un chacun leurs biens présens et à venir quelconques ; et c'est à toutes cours papales, royales et autres requises en leur meilleure forme, et de la chambre apostholique. Juré, etc., renoncé, etc.

Suit la teneur de ladite procuration. — Pardevant nous notaire royal à Arles, et les témoins soussignés, fut présent haut et puissant seigneur messire Hercules - Paul - Catherine, marquis de Fortia, seigneur du Lampourdier, la montagne du Prince, les Campredons et Rodigone, ancien capitaine de dragons, chevalier de l'ordre royal et militaire de Saint-Louis, citoyen de la ville d'Avignon, présentement en cette ville d'Arles, lequel a fait et constitué pour son procureur spécial et général, haut et puissant seigneur messire Pierre - Bonaventure des Achards, chevalier, marquis de la Baume, ancien capitaine au régiment de Souvré infanterie, auquel il donne pouvoir de pour lui et en son nom assister au mariage projeté entre haut et puissant seigneur messire Agricol comte de Fortia, son fils, chevalier de l'ordre de Saint-Lazare, citoyen d'Avignon, et Mlle. Julie de Sainte-Colombe, fille aînée de haut et puissant seigneur M. le marquis de Sainte Colombe, citoyen d'Avignon, donner son consentement à la célébration d'icelui, en signer l'acte, se présenter à cet effet partout où besoin sera, et généralement faire à occasion de ce tout ce que le cas exigera, et tout comme ferait ou pourrait faire ledit seigneur constituant : obligeant, etc., promettant, etc.

Fait et publié à Arles dans notre étude, présens Mᵉ. Jean-Louis Abril, avocat en la cour, et sieur Antoine-Dominique Ornano, maître chirurgien d'Arles, témoins requis et signés avec ledit seigneur constituant; ce vingt-huitième décembre 1784, après midi. *Signés* Fortia, Abril, Ornano, Yvaren, notaire. Contrôlé à Arles, le 28 décembre 1784, reçu quinze sous, Pattrement.

Nous Jean-Mathieu Artaud, conseiller du roi, lieutenant général au siège, ressort et département de cette ville d'Arles, certifions et attestons à tous qu'il appartiendra, que maître Yvaren qui a signé l'acte de procuration ciderrière, est notaire royal en cette ville et tel qu'il se qualifie, aux écritures et seing duquel pleine et entière foi doit être ajoutée hors et en jugement, en témoin de quoi nous avons signé et expédié les présentes, auxquelles nous avons fait apposer le sceau de notre jurisdiction. Donné à Arles, dans notre hôtel, le 28 décembre 1784. Artaud, Raoulx, vice-greffier: ainsi signés avec le sceau.

Ensuite de laquelle insertion, ladite procuration a été annexée au présent régistre.

Sur lesquelles choses, comme bien et juridiquement faites, ledit seigneur juge requis y a mis et interposé ses décret et autorité judicielles, et concédé acte.

Fait et publié audit Avignon, dans un salon haut de l'hôtel dudit seigneur marquis de Sainte-Colombe, en présence de MM. Paul-Isidore Bremond et Joseph Sardon, praticiens, habitans dudit Avignon, témoins requis et signés avec ledit seigneur juge, lesdites parties, parens et amis : le comte de Fortia, Julie des Achards de Sainte-Colombe, de Caux-Fortia, le marquis des Achards, procureur, Fortia, duchesse de Gadagne, Fortia, le duc de Gadagne, Seytres-Caumont, Sainte-Colombe de Villebois, la Beaume, doyen de Saint-Agricol, le marquis d'Aubignan, le marquis de Cambis, Sardon, Bremond, Poncet, notaire, Roberti, notaire; ainsi à l'original.

Collationné, Roberti, notaire.

Atteste je Louis-Hiacinte Roberti, notaire de cette ville, soussigné, que les donations faites dans le contrat de mariage ci-contre, reçu par M. Jean-Jacques Poncet et nousdit notaire soussigné, ont été insinuées dans le livre du greffe des insinuations de cette ville, tenu par M. Jacques Poncet son père, greffier desdites insinuations, par *attestor* dudit sieur Jean-Jacques Poncet, au livre I, folio 271, *verso*, en foi, etc. A Avignon, ce 12 janvier 1785. Roberti, notaire.

M. et Mme. de Fortia demeurent aujourd'hui à Paris dans une maison achetée par M. de Fortia sous le nom de M. Bignon, le 21 messidor an 3, 9 juillet 1795; l'acte de vente a été reçu par M. de la Motte et son confrère, notaires à Paris; et la déclaration de M. Bignon en faveur de M. de Fortia, le 16 frimaire an 4, 7 décembre 1795, par M. Poultier, autre notaire de Paris.

C. *Branche de Fortia - Montréal, à Pernes et à Avignon.*

VII. Jean de Fortia, second fils de Marc II et de sa première femme Jeanne des Henriques, naquit le 15 août 1553. Il eut de son père, mort en 1582, la terre de Montréal en Dauphiné, cent mille livres en monnaie *sonante*, la grande bastide de Pernes, et autres biens qu'il avait dans ladite ville et son terroir, ce qui l'obligea d'y faire sa résidence et de faire bâtir une chapelle dans l'église collégiale de cette même ville, sous l'invocation de Sainte-Anne, où il fit une donation (1).

_____

(1) Histoire manuscrite de la ville de Pernes, par Giberti. Généalogie de la maison de Fortia.

Jean de Fortia Montréal.

Il épousa par contrat du 15 ou 18 août 1585, notaire Guillaume Fornillier, de la ville de Cavaillon, Mme. Françoise de Seytres, veuve de messire Louis de Pérussis, co-seigneur de Caumont, chevalier de l'ordre du roi et de celui du pape, fille de messire Louis de Seytres, aussi co-seigneur de Caumont, et de même encore chevalier de l'ordre du roi et de celui du pape, et de dame Marguerite de Berton-Crillon ; elle était de Cavaillon. Les armes de la maison de Seytres étaient d'or au lion de gueules et une bande de sable brochant sur le tout, chargée de trois coquilles d'argent. Françoise de Seytres rendit Jean de Fortia père des enfans ci-après nommés. Il est l'origine de la branche de Montréal, illustrée par de belles alliances (1).

Il résida toujours à Pernes, où il exerça les fonctions municipales (2) et où il fit son testament le 9 février 1593, devant Pierre Arnaudi, notaire de cette ville. On y voit qu'il veut être enterré dans le caveau qu'il avait fait construire dans l'église collégiale de Pernes.

---

(1) Le Mercure galant de janvier 1696. Il place en 1583 le mariage de Jean de Fortia.

(2) Voyez la Législation des rentes foncières, seconde partie. Paris et Avignon, 1806, p. 210.

Ses enfans furent :

1. Paul de Fortia, qui suit.

2. Marguerite de Fortia, mariée avec George de Baroncelli, seigneur de Javon, qui portait bandé d'argent et de gueules.

3. Félise de Fortia, née en 1591, épousa en 1614 Paul-Jacques de Fougasse, seigneur de la Rouyère, fils de François et de Pierrette de Merles.

4. Catherine de Fortia, femme de Jean-Scipion de Pol, écuyer, seigneur de Saint-Tronquet et en partie de Lagnes. Les armes de la famille de Pol étaient d'argent à trois violettes d'azur, les tiges de sable tournées en dehors, et un chef d'azur chargé d'une molette d'éperon d'or à huit pointes. Catherine de Fortia hérita de son mari, et céda cet héritage à son fils Paul par acte du 19 mars 1642, le substituant à son neveu Gaspar de Fortia, et successivement à tous les mâles du nom et des armes de Fortia.

VIII. Paul de Fortia, seigneur de Montréal et de la Garde, fils de Jean et de Françoise de Seytres, naquit en 1586, et perdit son père étant encore très-jeune ; car il appert par contrat passé devant Pierre Bellon, notaire d'Avignon, le 2 décembre 1604, que Giles de Fortia, seigneur d'Urban et co-seigneur de

Caderousse, jadis tuteur de Paul de Fortia, seigneur de Montréal, son cousin ou plutôt son neveu, fit l'acquit d'une somme d'argent qu'il recevait en cette qualité (1).

Parvenu à l'âge de près de vingt-sept ans, il se maria, par contrat signé le 10 janvier 1613, notaire François Deslandes, d'Avignon, avec noble demoiselle Catherine de la Sale, dame de la Garde, fille d'illustre seigneur messire Clément de la Sale, seigneur de la Garde (2), chevalier de l'ordre du roi, du lieu de Bédarrides, et d'illustre dame Marguerite de Brancas-Villars. Ce mariage lui acquit des biens très-considérables (3) que Catherine avait obtenus par la mort de son frère Paul de la Sale, arrivée le 21 juin 1612. Il y eut à ce sujet quelques contestations avec mademoiselle Catherine de Joyeuse, dame d'Oise, aïeule maternelle de Paul et de Catherine :

---

(1) Histoire manuscrite de Pernes, par Giberti.

(2) Et non co-seigneur de la Garde-Paréol et de Bédarrides, comme le dit l'Histoire de la noblesse du Comté-Vénaissin, Paris, 1743, t. 1, p. 460, copié par les généalogistes qui ont suivi.

(3) Ils ont été l'objet d'un long procès terminé par une décision de l'empereur Napoléon, et dont toutes les pièces ont été imprimées.

elles furent terminées par une sentence arbitrale.

Catherine de la Sale mourut en 1626. Son mari n'avait alors que quarante ans. L'ambition succéda à la tendresse, et il se livra à l'attrait qu'avait toujours eu pour lui la carrière des armes. Il fut officier de galère, et en 1636 Louis XIII, roi de France, lui accorda une des galères entretenues pour son service, et qui fut appelée *la Montréal*. Le cardinal de Richelieu lui écrivit à ce sujet. Paul de Fortia lui était vivement recommandé par le cardinal de Lion, frère de ce ministre, avec lequel il avait contracté une grande liaison, parce qu'il avait été long-tems auprès de lui, et qu'il l'avait reçu plusieurs fois dans sa maison d'Avignon. Ce cardinal lui donna, pour marque de son affection, une très-belle chapelle de vermeil doré.

La charge de capitaine de galère ne resta pas inutile entre les mains de Paul de Fortia-Montréal. En 1638, il se trouva au combat donné devant Gênes le 1er. septembre par la flotte des galères de France que commandait le marquis de Pontcourlai contre celle des galères d'Espagne (1). Paul de Fortia y acquit

---

(1) Histoire de France, par Daniel. Paris, 1722, t. 7, partie 2, p. 31.

beaucoup de gloire et donna les plus grandes preuves de sa valeur en emportant la capitane de Sardaigne. Mais les blessures qu'il reçut dans cette action et dont il se ressentit jusqu'à la mort, l'obligèrent à quitter le service. Le 23 octobre 1639, le roi lui donna à Lion des lettres patentes pour lui permettre de remettre sa galère à Gaspar de Fortia, son fils.

Son mariage lui donna une maison à Avignon et un très-beau château à Bédarrides, qui lui firent quitter le séjour de Pernes. Il mourut à Bédarrides en 1661, à soixante-quinze ans, après avoir fondé dans l'église paroissiale de Bédarrides une très-belle chapelle qu'il fit construire et orner avec beaucoup de magnificence, et après avoir donné 150 francs à un prêtre pour la desservir.

Les enfans qu'il eut de Catherine de la Sale furent :

1. Gaspar de Fortia, qui suit.

2. Catherine de Fortia, née en 1615. Elle fut religieuse au monastère de Sainte-Catherine d'Avignon, où elle mourut.

3. Marguerite de Fortia, née en 1616, fut religieuse au monastère des Carmélites d'Avignon.

4. Louis de Fortia, né en 1617. Il fut nommé, par le pape Innocent X, à l'évêché

de Cavaillon à l'âge de vingt-huit ans, à cause de sa vertu et de sa piété extraordinaires. Il fut sacré à Rome dans l'église de Sainte-Marie-Majeure, le 23 septembre 1646, par le cardinal Pierre Caraffa. Après avoir gouverné onze ans cette église avec beaucoup de sagesse et une piété exemplaire, le pape Alexandre VII lui donna l'évêché de Carpentras, vacant par la démission qu'en fit le cardinal Bichi entre les mains de ce pontife. Louis de Fortia était extrêmement connu dans le Comté-Vénaissin pour ses grandes qualités, qui engagèrent le pape à l'appeler à Rome pour cette nomination ; et le cardinal Bichi avait pour lui et pour sa famille une affection particulière. Il en donna un témoignage en lui fesant présent d'une belle croix d'émeraudes qu'il substitua même à la maison de Fortia. L'épiscopat de Louis, qui malheureusement ne dura que quatre ans, fut un enchaînement de bonnes œuvres qu'il cachait avec soin. Il passa ses jours dans la pénitence et les macérations, qui le firent regarder comme un saint. Il mourut en 1661, extrêmement regretté dans tout son diocèse, surtout par les pauvres. Il fut inhumé dans l'église de Saint-Siffrein, sa cathédrale, à côté du batistère où se voit un simple mausolée sur lequel sont gravés quelques vers qui sont, dit-on, l'ouvrage de Saint-Geniez, poëte de ce tems-là, avec cette épitaphe : *D. O. M. Ludovico de Fortia, primùm Cabellionensi et deindè Carpentoratensi episcopo, Pastori optimo, qui dùm suam industriam atque prudentiam in animarum curâ collocaret, facultates in pauperum sustentatione consumeret, multisque vitam suâ liberalitate prorogaret, sibi mortem, laboribus pietatis causâ susceptis, nimiâ ergà se severitate et immoderatâ corporis afflictatione, maturavit, extinctus anno ætatis XLIII, à Christo nato M. D. CLXI. VI kalendas maïas* (1). On a imprimé son oraison funèbre, où sa haute vertu est célébrée avec justice.

5. Dominique de Fortia, né en 1618, fut reçu chevalier de Malte le 1er. mai 1632, ayant été page du grand-maître Antoine de Paulo. Il fut aussi capitaine de galère par la démission que lui fit de la sienne, en 1655, son frère Gaspar. Il avait fait plusieurs campagnes avec distinction, et périt malheureusement cette même année 1655 (2), dans le naufrage des

---

(1) Histoire manuscrite de Pernes, par Giberti.

(2) Dictionnaire généalogique, par M. D. L. C. D. B., t. 5 ou 2e. vol. du supplément. Paris, 1761, p. 140.

six galères commandées par le chevalier de la Ferrière.

6. Charles de Fortia, né en 1620, fut tué au siège d'Arras en 1640, étant dans les gardes de sa majesté, et auprès du maréchal de Brézé.

7. Louise de Fortia, née en 1624, épousa par contrat du 9 février 1648 noble et illustre seigneur messire Paul de Seytres, seigneur de Caumont, et mourut sans enfans.

8. Henri de Fortia, né en 1625, fut abbé-prieur de Saint-André de Rosans en Dauphiné.

Il fit un testament le 11 décembre 1688, par lequel il établit une substitution graduelle et perpétuelle de son héritage en faveur du chef de la maison de Fortia.

9. Laurens de Fortia, né à Bédarrides au mois d'avril 1626, fut reçu chevalier de minorité au chapitre tenu à Malte le 7 juin 1631, Antoine de Paulo étant grand-maître. Il fut tué dans un combat donné sur mer contre les Turcs pour la défense de sa religion, où l'on prit un fils du grand seigneur, qui se fit ensuite dominicain en France. Les preuves de Laurens de Fortia pour l'ordre de Malte furent faites en 1634. Les quatre témoins secrets pris parmi les citoyens les plus distingués d'Avignon, interrogés séparément, s'accordent à déclarer que la maison de Fortia

est ancienne et illustre, noble de nom et d'armes, et n'a été souillée par aucune origine juive, ni *marane*.

Ce furent là les seuls enfans que Paul de Fortia laissa de Catherine de la Sale. L'auteur très-inexact de l'histoire de la noblesse du Comté-Vénaissin (1) et celui de l'histoire manuscrite de Pernes, qui l'a trop souvent copié, en place deux autres, Jean-Louis et Catherine, qui appartiennent à la génération suivante, en substituant au nom de Catherine celui de Christine-Thérèse qui est le véritable. Le Mercure galant de 1696 se trompe aussi en plaçant sous cette génération Paul de Fortia, chevalier de Malte, qui appartient de même à la génération suivante. En général on doit lire avec précaution les ouvrages qui traitent des généalogies.

IX. Gaspar de Fortia, fils aîné de Paul et de Catherine de la Sale, naquit en 1614. Il fut seigneur de Montréal et de la Garde.

Après avoir fait plusieurs campagnes en mer, s'être trouvé à la prise des îles de Sainte-Marguerite, et avoir été blessé sur la galère de son père, au combat de Gênes, en 1638, il fut reçu capitaine des galères par la démission de son

---

(1) Tome 1, p. 141.

père. Il servit très-dignement et glorieusement sa majesté dans cet emploi (car c'est ainsi que l'on parlait alors, et l'on croyait servir son pays en servant son roi), et s'en démit en faveur de son frère Dominique, chevalier de Montréal.

Le 8 février 1655, il signa son contrat de mariage avec noble demoiselle Françoise de Louet de Nogaret de Calvisson, fille de haut et puissant seigneur messire Jean-Louis de Louet, dit de Nogaret, marquis de Calvisson, baron de Manduel, seigneur de Massillargues, etc., maréchal-des-camps et armées du roi, gouverneur pour sa majesté du fort des salines de Pecquai et Tour-l'Abbé, et de noble Françoise Bermond de Thoiras de Saint-Bonnet, nièce de Jean de Thoiras, maréchal de France, dont la fin fut illustrée par tant de belles et glorieuses actions. Les armes de Jean-François de Louet de Nogaret étaient palé d'azur et de gueules, semé de roses d'argent, pour la famille de Louet; et un écusson d'argent au noyer arraché de sinople, posé sur le tout, qui appartenaient au nom de Nogaret. De ce mariage naquirent plusieurs enfans.

Le 6 septembre 1692, Gaspar de Fortia fit une reconnaissance générale à M. Laurent de Fieschi, archevêque d'Avignon, pour tous les biens qu'il possédait à Bédarrides, notaire Nicolas Ribouton.

Il mourut le 25 juin 1702. Ses enfans furent :

1. François de Fortia, né en 1657, mort en 1678 à Porto-Ferraio.

2. Jules, qui suit.

3. Jean-Louis de Fortia, né en 1663, abbé de Montréal, fut grand vicaire de Bourges, prieur d'Ambierle, et abbé de Saint-Pierre d'Orbais, près Beauvais, diocèse de Soissons. Il mourut au séminaire de Saint-Magloire, à Paris, en 1704.

4. Paul-François de Fortia, né en 1670, fut reçu chevalier de Malte de minorité le 24 février 1674. Il fut admis aux pages de la grande écurie du roi en 1687.

5. Catherine de Fortia épousa, par contrat du 24 juin 1684, haut et puissant seigneur messire Louis de Seytres, seigneur de Laval-Caumont, frère de messire Paul de Seytres, seigneur de Caumont. On l'appelait le comte de Caumont. Elle mourut sans enfans.

6. Christine-Thérèse de Fortia vivait sans alliance à Lion en 1704.

7 et 8. Anne et Madeleine de Fortia, religieuses au monastère de Sainte-Praxède d'Avignon.

X. Jules de Fortia, fils de Gaspar et de

Françoise de Nogaret, naquit le 25 mai 1661. Il fut seigneur de Montréal, de la Garde, du lieu de Bédarrides, de Saint-Tronquet, Lagnes, etc. Il porta le titre de marquis de Fortia.

Le 9 juillet 1684, il épousa noble demoiselle Françoise de Sassenage, fille de haut et puissant seigneur messire Louis-Alfonse de Sassenage, chevalier, baron de Sassenage, marquis du Pont en Royan, comte de Montelier, seigneur d'Iseron, etc., second baron du Dauphiné, et de dame Christine de Salvaing de Boissieu, baronne de Vire, dame de Brûlon au pays du Maine, etc. Les armes de la maison de Sassenage étaient burelé d'argent et d'azur, de dix pièces, au lion de gueules, armé, lampassé et couronné d'or. C'est ainsi du moins que l'assure M. Giberti, qui paraît fort instruit sur ces sortes de matières, dans son histoire manuscrite de Pernes. L'auteur de l'Histoire de la noblesse du Comté-Vénaissin (1) est d'accord avec lui sur tout le reste de ce blazon; mais il dit que le lion est couronné, armé et langué d'azur, brochant sur le tout.

Il naquit de ce mariage deux fils et quatre filles; mais un fils et deux filles seulement survécurent à leur père. Le 12 août 1702, Jules

---

(1) Paris, 1743, t. 1, p. 462.

de Fortia fit l'inventaire des biens de son père, notaire Pierre Ribouton, de Bédarrides.

Jules de Fortia fut premier consul de la ville de Pernes, et mourut à Bédarrides le 11 mars 1721, après avoir fait un testament où il substitue tous ses biens à la maison de Fortia.

Ses enfans furent :

1. Gaspar II de Fortia, qui suit.

2. N.** de Fortia, naquit en 1697. Il mourut jeune.

3. Victoire de Fortia, abbesse de Soyon.

4. Une autre fille, religieuse Carmelite à Avignon, qui mourut eu avril 1739.

5 et 6. Deux filles mortes jeunes.

XI. Gaspar II ou Charles - Gaspar de Fortia de Pol, fils de Jules et de Françoise de Sassenage, naquit en 1691. Il fut seigneur de Montréal en Dauphiné, de Lagnes, de la Garde, de Bédarrides, et de Saint-Tronquet dans le Comté-Vénaissin ; enfin il eut le fief d'Usson dans la principauté d'Orange. Il porta le titre de marquis de Montréal.

Il fut capitaine au régiment de cavalerie de Toulouse, puis mestre de camp de cavalerie et chevalier de l'ordre royal et militaire de Saint-Louis.

Il épousa en premières noces, en 1727, noble demoiselle de Vogué, fille de Melchior II, mar-

K

quis de Vogué et de Gabrielle de Moitier de Champetières, héritière de la seconde branche de la maison de la Fayette, qui descendait de Gilbert de la Fayette, maréchal de France. Ils n'eurent point d'enfans.

Le marquis de Montréal, devenu veuf, épousa en secondes noces, le 14 septembre 1730, Marie-Anne de Fortia-Chailli, de la branche établie à Paris, sœur de l'abbé de Fortia, et fille de Charles-Joseph, conseiller d'Etat et conseiller d'honneur au parlement de Paris, et de Marie-Madeleine Thomas, sa seconde femme. Ce second mariage a produit trois filles (1).

Gaspar II donna tous ses biens, en 1765, à la seconde devenue l'aînée de celles qui lui restaient, et mourut à Avignon le 5 novembre 1773.

Ses trois filles furent:

1. N.... mourut en 1740 sans avoir été mariée.

2. Françoise-Gabrielle-Charlotte de Fortia

---

(1) On trouvera dans les Mémoires pour servir à l'Histoire des propriétés territoriales dans le département de Vaucluse, p. 167 et suivantes, quatre actes passés au nom de Gaspar II de Fortia-Montréal. Le premier est daté du 15 juin 1733, et le quatrième du 17 septembre 1772.

épousa, par contrat du 7 septembre 1749, Joseph-Louis-Marie de Galéan, duc de Gadagne, baron de Vedènes, seigneur d'Eguilles et de Saint-Savornin, né le 8 juin 1704. Leurs enfans sont, 1°. Marie-Louise-Gabrielle-Françoise de Galéan, née le 7 septembre 1750, mariée à Nice, en juin 1768, à Charles-François de Cays, comte de Gilette, seigneur de Burio, etc., chevalier de l'ordre des Saints-Maurice et Lazare; 2°. Charles-Louis, mort en bas âge; 3°. Anne-Louise, née le 24 juillet 1752; 4°. Marie-Hélène-Alexis, née le 18 décembre 1755, mariée au marquis de la Valette, dont le nom de famille est Thomas, et morte après avoir donné le jour à plusieurs enfans qui vivent encore; 5°. Jean-Baptiste-Louis-Thomas, né le 25 octobre 1756. Il hérita du titre de duc de Gadagne, et il épousa, au mois de mai 1783, Mlle. de Castellane-Majastre, dont la mère était Mlle. de Valbelle. Ils vivent encore et n'ont point eu d'enfans; 6°. Marie-Joseph-Gaspar, né le 19 août 1758, reçu chevalier de Malte le 19 juillet 1759, marié depuis à Mlle. d'Augier, de laquelle il a un fils unique, Auguste de Galéan; 7°. Elizabeth-Pauline, née le 3 avril 1760, mariée au comte de Revel (Thaon Saint-André), en 1779, morte après avoir donné le jour à plusieurs enfans qui lui ont survécu ; 8°. Charles-Marie-Félix, né le 5 octobre 1760, reçu chevalier de Malte le 19 janvier 1762, placé au service du roi de France Louis XVI, avant la révolution, mort jeune. Françoise-Gabrielle-Charlotte de Fortia, mère de ces huit enfans, est morte à Avignon le 18 frimaire an V, 8 décembre 1796.

3. Gabrielle-Thérèse de Fortia, épousa par acte du 4 septembre 1753, Anne-Joseph de Louet de Murat de Nogaret, marquis de Calvisson, seigneur de Massillargues, qui lui survécut. Elle mourut avant son père, en 1758, laissant deux filles, l'une épouse du marquis de Rognes, l'autre de M. de Quinson, marquis de Montlaur.

D. *Branches des barons de Baumes, seigneurs de Piles et de Sainte-Jalle, à Carpentras et à Marseille.*

VII. Paul de Fortia, troisième fils de Marc II, qu'il eut de sa seconde femme, Françoise de Filieul de la Madeleine, naquit à Carpentras le 12 octobre 1559, à cinq heures du soir. On lui donna le nom de la terre de Piles, pour le distinguer de ses frères, et ce nom a été transmis à la branche dont il a été l'origine. Son esprit et son courage, dont il donna des marques dès sa plus tendre jeunesse, et qui avaient déterminé son père à l'envoyer à la cour, engagèrent le roi Henri III à le faire élever auprès du duc d'Epernon. Le jeune de Piles profita de cette éducation, et fixa l'attention du roi par les progrès qu'il y fesait et par l'ardeur qu'il montrait en toute occasion pour mériter l'estime de sa majesté (1).

Son père étant mort en 1582, il devint baron de Baumes, seigneur de Piles, d'Aubres et de Costechaude, au Comté-Vénaissin, et eut comme ses frères, outre ces terres, 100,000 l. en espèces, qui lui furent réservées pour le tems auquel il se marierait (2), et qui lui servirent en attendant pour se procurer de l'avancement dans l'état militaire. Il fut nommé par Henri III capitaine d'une compagnie d'ordonnance du roi de cent maîtres équipés à la *Réitre*, en 1582, et chevalier de l'ordre de Saint-Michel, par brevet du 12 octobre 1585. Ayant perdu ce prince quatre ans après, son successeur eut pour lui la même bienveillance.

En effet, il fut nommé colonel de la cava-

―――――――

(1) Histoire de la noblesse du Comté-Vénaissin, par Pithon-Curt. Paris, 1743, t. 1, p. 462.

(2) Histoire manuscrite de Pernes, par M. Giberti.

lerie légère italienne entretenue en France sous Henri IV, par commission du 16 mars 1591, et le 6 octobre suivant il obtint une compagnie de cinquante hommes d'armes. Paul de Fortia qui, outre les seigneuries que j'ai déjà nommées, avait encore celles de Croses et de Dons, fut premier consul d'Aix et procureur général de la province en 1593.

En 1595, il fut nommé gentilhomme ordinaire de la chambre du roi, et après que le duc de Savoie eut rendu à ce prince les ville et citadelle de Berre, Henri IV donna au sieur de Piles le gouvernement de cette place, par brevet du 28 avril 1596. Cette même année 1596, au mois de juillet, ce prince le nomma capitaine d'une des galères de sa majesté, nommée la Pille, avec 18,000 livres de gratification, et un brevet de 4,000 livres de pension en récompense de ses services. Le roi voulant arrêter les progrès que fesaient les Florentins sur la Mediterranée, et réprimer les entreprises de Jean, bâtard de Médicis, qui s'était emparé du château d'If, forma le dessein de fortifier les îles voisines, et en confia l'exécution au sieur de Piles, qui fit construire le fort de Ratonneau et Pomègues ; et par brevet du 14 septembre 1598, les Florentins ayant évacué le château d'If et les autres îles de Marseille, le roi le pourvut de ce gouvernement. Ce ne fut donc pas à titre gratuit et par un simple effet de la faveur, que Paul de Fortia se trouva gouverneur des places du château d'If près Marseille, Ratonneau, Pomègues et îles de Marseille. Aussi Henri IV écrivant cette année 1598 au marquis de Roni, son principal ministre, lui dit : « Monsieur de » Piles m'a bien servi ; je connais son ardeur » et sa fidélité ; je voudrais en avoir dans mon » royaume plusieurs semblables à lui ».

Le 17 février 1599, Paul de Fortia épousa noble demoiselle Jeanne de Tholon de Sainte-Jalle, fille de Faulquet de Tholon, chevalier de l'ordre du roi, seigneur de Saint-Marcellin, lieutenant de sa majesté en Languedoc, capitaine de cent gentilshommes ou hommes d'armes, et de Guigonne de Combourcier. Faulquet de Tholon était fils de Louis de Tholon ou Toulon, premier président au parlement de Grenoble, et neveu de Didier de Tholon de Sainte-Jalle, élu grand maître de Malte en 1635. J'ai déjà donné les armes de cette famille de Tholon à l'article de Giles de Fortia d'Urban. Le contrat de mariage de Paul de Fortia fut reçu par M^e. Fabri, notaire d'Avignon. Il en naquit sept enfans.

Le sieur de Piles fut nommé conseiller d'état d'épée, le 9 juin 1608. Le magnifique château de Forville, qu'il fit bâtir près de la ville de Carpentras, pour la réception de ce grand et bon Henri à qui il devait tant de bienfaits, est un monument digne de sa reconnaissance. Ce prince l'avait désigné chevalier de l'ordre du Saint-Esprit; Paul de Fortia avait su mériter son estime et sa confiance par son zèle et par sa fermeté pendant les guerres civiles de Provence. Il testa, le 16 mars 1617, en faveur des six enfans qui lui restaient alors, et mourut en 1621 dans son gouvernement des îles de Marseille. Ses enfans furent :

1. Pierre-Paul, qui suit.
2. Une fille, morte jeune.
3. Sibille de Fortia, née en 1601 (1), épousa, 1°. le seigneur de Noyers en Dauphiné; 2°. Paul-Aldonce (2) de Thézan de Vénasque, chevalier de l'ordre du Roi, vicomte de Saint-Gervais, marquis de Vénasque, comte de Nabuton, baron de Négran et Castenet, seigneur de Métamis et Seneviers, Saint-Didier, Barbentane et autres places. Son père, aussi chevalier de l'ordre du Roi, avait épousé la sœur du comte de Clermont-Lodève, dont l'autre sœur avait

---

(1) Et non 1611, comme le dit Pithon-Curt.

(2) Voyez l'Histoire de la noblesse du Comté-Vénaissin, Paris, 1750, t. 3, p. 397.

été mariée au duc d'Arpajon (1). Cette maison de Thézan écartelait ses armes avec celles de Vénasque, qui étaient d'azur à la croix vidée. Depuis ils ont porté cette croix dans un champ de gueules comme celles de Toloze ou Toulouse. Il est vrai que l'on prétend qu'un cadet de la maison de Toloze ou des anciens comtes de Toulouse commença celle de Vénasque, et brisa ses armes par un champ d'azur au lieu de celui de gueules, comme c'était la coutume des maisons souveraines (2).

4. Charlotte de Fortia fut mariée, 1°. en 1629, avec Gui Robin, seigneur de Graveson, dont les armes étaient fascé d'or et de gueules de quatre pièces à trois molettes de sable sur l'or; 2°. avec Paul de Mistral, co-seigneur de Montdragon et de Barbentane, portant de sinople à un chevron d'or, chargé de trois trèfles d'azur. Paul de Mistral était fils de François et de Louise d'Albert de Saint-André (3). Il était petit-fils de Paul de Mistral, seigneur de Croses et de Dons, et de Silvie de Brancas, fille

---

(1) Mercure galant de janvier 1696. Pages 198 et 199.

(2) Histoire manuscrite de Pernes, par M. Giberti, Généalogie de la maison de Fortia.

(3) *Id. Ibidem.*

d'Ennemond de Brancas, baron d'Oyse et de Villars, et de Catherine de Joyeuse, sœur du maréchal de Joyeuse, et mère d'André de Brancas, amiral de France, et de George de Brancas, en faveur de qui la terre de Brancas fut érigée en duché (1). Le mariage de Silvie de Brancas et de Paul de Mistral s'était fait en 1576 2).

5. Ludovic ou Louis de Fortia, dit le baron de Baumes, a été regardé comme l'un des plus vaillans hommes de son temps (3). Il fut premier capitaine, commandant un bataillon du régiment de la Marine. Après plusieurs campagnes, il quitta le service de terre et passa dans celui des galères, dont il commanda une escadre au siège de Roses. Il se trouva parmi les volontaires au siège de Portolongone, où ayant repoussé les ennemis jusque dans leurs retranchemens, il fut emporté d'un coup de canon (4).

6. Gaspar de Fortia, seigneur de Coste-

---

(1) Mercure galant de janvier 1696. Pages 197 et 198.

(2) Le grand Dictionnaire historique, par Moréri. Paris, 1759, art. Brancas, tome 2, p. 232.

(3) Mercure galant de janvier 1696. Page 196.

(4) Histoire de la noblesse du Comté-Vénaissin. Paris, 1743, t. 1, p. 463.

chaude, fut blessé au service de sa majesté au siège de la Rochelle, à la tête du régiment de son frère aîné, et passa même pour mort (1). Il fut nommé depuis colonel d'un régiment italien, entretenu en France, et mourut en Italie des blessures qu'il avait reçues au royaume de Valence (2).

7. Joseph de Fortia, seigneur de Forville, fut officier de galères, et fut tué en 1638 au combat de quinze galères d'Espagne devant Gênes. Il périt ainsi, comme son frère, au service du roi.

VIII. Paul II ou Pierre-Paul de Fortia, fils aîné de Paul et de Jeanne de Tholon, naquit en 1600, et ce dut être à Avignon. Il fut baron de Baumes, seigneur de Piles, de Forville et de Costechaude.

Il avait un an de plus que Louis, dauphin de France, auprès duquel il fut élevé en qualité d'enfant d'honneur, et qui devint roi de France sous le nom de Louis XIII, le 14 mai 1610. Il fut remarqué de ce prince, qui le fa-

---

(1) Le Mercure galant de janvier 1696, p. 196 et 197, dit qu'il fut tué.

(2) Histoire de la noblesse du Comté-Vénaissin. Paris, 1743, t. 1, p. 464. Au lieu de Gaspar, elle le nomme Emmanuel.

vorisa par un promt avancement. Dès l'an 1611, quoiqu'il ne fût âgé que de onze ans, il fut pourvu d'une compagnie franche en garnison au château d'If, et de la survivance de tous les gouvernemens de son père. Il obtint aussi, en 1614, le commandement de la galère qu'avait son père. Il mérita ces faveurs par son zèle et sa bonne conduite, et se distingua surtout au siège de Montauban, commencé le 17 août 1621 par le roi en personne (1). Ce prince, s'entretenant un jour avec ses confidens : « Vous ne me parlez point » de Piles », leur dit-il, « qui vaut bien autant » que ceux que vous venez de nommer; c'est l'un » des plus braves hommes de mon royaume; » je le connais; car je l'ai nourri : je l'aime infiniment (2) ».

Le siège de Montauban dura trois mois. Pendant qu'on le fesait, Louis XIII fut averti que le père de Piles était à l'extrémité. Ce prince fit chercher de Piles partout : on le trouva enseveli tout vivant sous un tas de terre et de pierres enlevées par un fourneau qu'on venait de faire jouer. Le roi lui apprit l'état où était

---

(1) Journal historique du règne de Louis XIII, par Daniel, p. 12.

(2) Histoire manuscrite de Pernes, par Giberti.

son père, et lui ordonna de se rendre auprès de ce père mourant pour mettre ordre à ses affaires. Quoique de Piles fût extrêmement affligé de cette nouvelle, il supplia sa majesté de lui permettre de ne quitter l'armée qu'après qu'elle aurait triomphé de cette ville rebelle, et il ne fallut pas moins qu'un ordre absolu du roi pour l'obliger de partir (1).

Il succéda à son père en ses biens et charges, comme ayant eu la survivance de tous ses gouvernemens, et ce fut ainsi qu'en 1621, n'ayant encore que vingt et un ans, il devint mestre de camp de la cavalerie légère et étrangère en France, et gouverneur pour le roi de la ville de Berre, château d'If et îles de Marseille.

Le 15 juin 1627, il épousa noble demoiselle Marguerite de Couvet de Marignanne, fille de Jean-Baptiste de Couvet, seigneur et baron de Trets, Bormes, Marignanne et Gignac, conseiller du roi en sa cour de parlement et garde des sceaux en la chancellerie dudit pays, et de Lucrèce de Grasse, dame et baronne de Bormes, dont l'autre fille avait épousé Gaspar de Forbin, marquis de Soliers, gouverneur de Toulon, l'aîné de la branche de Pa-

---

(1) Histoire manuscrite de Pernes, par Giberti.

lamédes de Forbin, lieutenant général en Provence sous le roi de France Louis XII. Ce Jean-Baptiste de Couvet était connu sous le nom du riche baron de Couvet ou Covet. Ses armes étaient d'or à deux ciprès arrachés et entrelacés en sautoir de sinople. Marguerite de Couvet rendit Paul II de Fortia père d'une nombreuse famille qui continua la branche de Fortia de Piles.

Son mariage ne l'empêcha point de se trouver au siège de la Rochelle, commencé le 10 août 1627 par le duc d'Angoulême, et où le roi se rendit en personne le 12 octobre de la même année. Ce siège fut un des plus fameux dont il soit fait mention dans notre histoire, tant par la résistance des assiégés que par la constance des assiégeans, par les combats qui s'y donnèrent, par les tentatives que firent les Anglais pour secourir la place, par les travaux prodigieux que l'on fit dans la mer et sur la terre pour en venir à bout, et par le grand nombre des princes, seigneurs et gentilshommes qui s'y signalèrent (1).

Il était malheureusement trop naturel dans nos mœurs qu'au milieu d'un si grand nombre

---

(1) Journal historique du règne de Louis XIII, par Daniel, p. 19.

de jeunes gens, des querelles particulières se mêlassent à la grande querelle dont on s'occupait. Paul de Fortia n'avait que vingt-sept ans au commencement de 1628. Il ne fut pas à l'abri de cette espèce de maladie qui dévora si souvent nos armées. Il eut ce que nous appelons une affaire avec le fils du poëte Malherbe, qu'il tua, et de qui la mort coûta la vie à son père, le premier, au jugement de Boileau, qui fit de bons vers en France.

« La dernière année de sa vie », dit Balzac (1), « il perdit son fils unique qui fut tué
» en duel par un gentilhomme de Provence.
» Cette perte le toucha sensiblement. Je le
» voyais tous les jours dans le fort de son af-
» fliction, et je le vis agité de plusieurs pensées
» différentes. Il songea une fois (il faut que je
» vous l'avoue, puisque vous en avez oui parler
» et que vous me pressez si fort de vous dire ce
» que j'en sais) à se battre contre celui qui avait
» tué son fils. Et comme nous lui représentâmes,
» M. de Porchères d'Arbaud et moi, qu'il y
» avait trop de disproportion de son âge de
» soixante et douze ans à celui d'un homme qui

---

(1) Dans son entretien trente-septième, adressé à M. de Plassac Méré.

» n'en avait pas encore vingt-huit (1) : — *C'est*
» *à cause de cela que je me veux battre*,
» nous répondit-il : *ne voyez-vous pas que*
» *je ne hazarde qu'un denier contre une pis-*
» *tole ?* — On lui parla ensuite d'accommode-
» ment; et un conseiller du parlement de Pro-
» vence, son ami particulier, lui porta parole
» de dix mille écus. Il en rejeta la proposition
» (cela est encore vrai), et nous dit l'après-
» dînée ce qui s'était passé le matin entre lui
» et son ami. Nous lui fîmes considérer que la
» vengeance qu'il désirait étant apparemment
» impossible, à cause du crédit que sa partie
» avait à la cour, il ne devait pas refuser cette
» légère satisfaction qu'on lui présentait, que
» nous appelâmes

. . . . Solatia luctûs
Exigua ingentis, misero sed debita patri.

» *Eh bien !* dit-il, *je croirai votre conseil ;*
» *je pourrai prendre de l'argent, puisqu'on*
» *m'y force ; mais je proteste que je ne gar-*
» *derai pas un teston pour moi de ce qu'on*
» *me baillera. J'emploierai le tout à faire*

---

(1) Le texte dit vingt-cinq; c'est sans doute un 8 mal fait et pris pour un 5 qui a donné lieu à cette erreur.

» *bâtir un mausolée à mon fils.* Il usa du
» mot de *mausolée* au lieu de celui de *tom-*
» *beau*, et fit le poëte partout. Peu de tems
» après, il fit un voyage à la cour, qui était
» alors devant la Rochelle, et apporta de l'ar-
» mée la maladie dont il vint mourir à Paris.
» Ainsi le traité des dix mille écus ne fut point
» conclu, et le dessein du mausolée demeura
» dans son esprit. Il fit seulement imprimer
» un *Factum* et trois sonnets qui n'ont point
» été mis dans le corps de ses autres ouvrages.
» Je voudrais bien pouvoir contenter la curio-
» sité que vous avez de les voir; mais de plu-
» sieurs exemplaires qu'il m'en avait donnés,
» il ne s'en est pu trouver aucun parmi mes
» papiers; et il ne me souvient que de ce seul
» vers :

Mon fils qui fut si brave, et que j'aimai si fort.

» Sur ma parole, assurez-vous qu'ils étaient
» tous excellens, et que ce n'est pas une petite
» perte que celle que vous en faites ».

Ménage a réimprimé ces détails dans son édition de Malherbe; il les termine par l'observation suivante (1) :

---

(1) Les poësies de Malherbe avec les observations de Ménage. Paris, 1689, p. 581.

« M. de Balzac se trompe en ce qu'il dit
» que Malherbe avait fait trois sonnets sur la
» mort de son fils, qu'il fit imprimer avec un
» *Factum*. A l'heure même que j'écris ces lignes,
» j'ai devant mes ieux le *Factum* de Malherbe
» dont parle M. de Balzac, qui est une lettre
» adressée au roi, et avec ce *Factum* et cette
» lettre, il n'y a que ce sonnet d'imprimé, et
» l'ode pour le roi allant châtier la rebellion
» des Rochelois et chasser les Anglais qui, en
» leur faveur, étaient descendus en l'île de Ré.
» Ce gentilhomme de Provence, qui tua en
» duel le fils de Malherbe, s'appelait M. de
» Piles. Son second était un nommé M. de
» Bormes, fils de M. Cauvet, conseiller au
» parlement d'Aix, et beau-père de ce M. de
» Piles ».

Voici le sonnet entier de Malherbe sur la mort de son fils (1):

Que mon fils ait perdu sa dépouille mortelle ;
Ce fils qui fut si brave, et que j'aimai si fort ;
Je ne l'impute point à l'injure du sort,
Puisque finir, à l'homme est chose naturelle.

---

(1) Les poësies de Malherbe avec les observations de Ménage. Paris, 1689, p. 204.

Mais que de deux maraux (1) la surprise infidelle
Ait terminé ses jours d'une tragique mort,
En cela ma douleur n'a point de reconfort ;
Et tous mes sentimens sont d'accord avec elle.

O mon Dieu, mon sauveur, puisque par la raison
Le trouble de mon âme étant sans guérison
Le vœu de la vengeance est un vœu légitime ;

Fais que de ton appui je sois fortifié.
Ta justice t'en prie ; et les auteurs du crime
Sont fils de ces bourreaux qui t'ont crucifié.

On voit que dans ce sonnet, dont Balzac admire si fort la beauté, le vieux Malherbe, pour se *réconforter*, adresse à Dieu très-pieusement une insolente calomnie qu'il croit propre à l'engager dans sa querelle. Elle roule sur ce qu'en Provence plusieurs familles étaient notées comme ne pouvant entrer dans l'ordre de Malte, parce que, soit par elles-mêmes, soit par des alliances, on les croyait d'origine juive. La calomnie était claire, puisque, dans toutes ses branches, la famille de Fortia n'a cessé de fournir des chevaliers à l'ordre de Malte, et que les preuves attestaient la pureté de son

---

(1) On lit deux *brutaux*, expression un peu moins grossière, dans le Recueil de poësies diverses de la Fontaine. Paris, 1679, t. 2, p. 89.

origine, ainsi que je l'ai dit plus haut à l'article de Laurens de Fortia-Montréal.

Aussi le pauvre Malherbe ne fut pas exaucé. Il mourut cette même année 1628, tandis que Paul de Fortia continua de se distinguer et de mériter les éloges de Louis XIII, au service duquel il combattit en 1630, 1632, 1635, etc., à la tête de plusieurs régimens et de la galère qui portait son nom. En 1635, il fut colonel d'un régiment d'infanterie auquel ce même nom de Piles fut donné.

La mort même du roi son protecteur ne porta point atteinte à sa fortune. Les guerres civiles de la Fronde furent pour lui une nouvelle occasion de se faire connaître. Ses services, son expérience et sa fidélité lui valurent l'estime et la confiance entière du nouveau monarque ; Louis XIV, ou du moins sa mère, qui gouvernait alors sous son nom, lui donna l'administration des affaires de la Provence dans le tems où les troubles de cette province l'obligèrent à faire cesser les fonctions des procureurs du pays. On fit expédier à Paul de Fortia un brevet de 4,000 livres de pension en 1644. Il fut nommé maréchal des camps et armées du roi par un autre brevet du 9 mai 1649. Enfin Louis XIV, qui commençait dès-lors à gouverner par lui-même, donna le 10 décembre 1658 une commission au sieur de Piles pour commander provisoirement à Marseille; et, le 19 janvier 1660, il le nomma commandant à vie de cette grande ville. Depuis cette époque, la charge de gouverneur-viguier est demeurée dans sa descendance jusqu'à la révolution de 1789, et les Marseillais en ont souvent témoigné publiquement leur satisfaction. Le gouverneur-viguier jouissait à Marseille de fort beaux privilèges; c'était à lui que l'on portait les clés de la ville; il présidait à tous les conseils municipaux et les autorisait; c'était lui qui donnait l'ordre aux troupes quand il y en avait, et qui fesait à Marseille toutes les fonctions de commandant : c'est pour cela qu'il avait des gardes (1).

Louis XIV étant arrivé à Tarascon en 1660, fit à Paul de Fortia l'honneur de le faire souper à sa table; et lorsque ce grand roi fut arrivé à Marseille, le 2 mars de cette année, et que M. de Piles lui eut présenté les clés d'or de la ville, sa majesté les lui rendit sur-le-champ, et lui dit : « Conservez-les; je ne saurais les » mettre en de meilleures mains que les vôtres ».

---

(1) Histoire manuscrite de Pernes, par Giberti.

Paul de Fortia mourut à Marseille le 13 juin 1682 (1). Ses obsèques furent faites à la cathédrale, où l'on prononça son oraison funèbre. On porta ensuite son corps dans toute la ville. Ce convoi était composé de toute la noblesse de Marseille et des environs. Tous les ordres séculiers et réguliers le précédaient avec quelques troupes réglées et les compagnies de ville. Ces troupes firent trois décharges, ainsi que toutes les galères et tous les vaisseaux qui se trouvèrent dans le port. Le corps fut enfin porté sur la galère de M. le marquis de Forville, son fils. Ses proches parens l'accompagnèrent jusques au château d'If, où il fut inhumé avec beaucoup de cérémonies. Voici l'épitaphe qui fut faite à cette occasion :

>Nochers, qui sillonnez les mers,
>Ne craignez plus aucun orage :
>Sur l'empire des eaux il n'est plus de naufrage ;
>Parcourez hardiment tout ce vaste univers.
>Ci-gît au milieu de cette île
>Le corps de l'illustre de Pile
>Qui, par un sort des plus heureux,
>Après avoir pendant la guerre
>Dissipé long-tems de la terre

---

(1) Histoire de Marseille, par MM. de Ruffy père et fils; seconde édition, 1669, p. 276 et 291.

Les brouillards les plus ténébreux,
Va, par un doux regard, comme un astre paisible,
Calmer le courroux dangereux
D'un élément bien plus terrible (1).

Ses enfans furent :

1. Charles-Bernard de Fortia, qui suit :

2. Paul III de Fortia, tige des seigneurs de Piles, qui seront rapportés après leurs aînés, sous la lettre E.

3. Gaspar de Fortia, troisième fils de Paul II et de Marguerite de Couvet, fut chevalier de Malte; on l'appelait le chevalier d'Aubres : il fut tué d'un coup de feu devant Gigeri, en Afrique, combattant à côté de M. de Beaufort, en 1664.

4. Alexandre de Fortia, connu sous le nom de l'abbé de Piles, fut prieur et seigneur spirituel et temporel des lieux de Saint-Mai et de Remusat, et leurs dépendances, en Dauphiné. Il habitait Carpentras, où il mourut.

5. Alfonse de Fortia, cinquième fils de Paul II et de Marguerite, porta le nom de marquis de Forville, dont il était seigneur. Il fut officier aux Gardes-Françaises du roi en 1659, capitaine de cavalerie dans le régiment des

---

(1) Histoire manuscrite de Pernes, par M. Giberti.

Cravattes en 1667, capitaine d'un des vaisseaux de sa majesté en 1668, et d'une de ses galères en 1669, capitaine-gouverneur-viguier de Marseille en 1682, l'un des quatre lieutenans de roi en Provence, au département d'Aix, en 1693 (1). Il n'était encore que capitaine de galère, lorsqu'il fut reçu chevalier de l'ordre militaire de Saint-Louis à la promotion du premier février 1694, la première pour la marine après la création de cet ordre (2). Il fut nommé chef d'escadre des galères en 1695, et reçut cette année, dans *le Mercure galant*, des éloges qui furent l'occasion, pour ce journal, de publier la généalogie de la maison de Fortia, ainsi qu'on le verra par le passage suivant, rapporté littéralement.

« Ce que je vous ai écrit de l'ordre que M. le
» marquis de Forville avait établi à Marseille,
» pour repousser les ennemis, en cas qu'ils
» fussent venus l'été dernier, a été trouvé d'une
» si grande conduite, et a fait tant de plaisir à
» tous ceux qui ont lu cet article dans la lettre
» où je vous ai appris qu'il a été fait chef d'es-
» cadre, qu'on a souhaité de le connaître plus

---

(1) Mercure galant de janvier 1696, p. 202 et 203.

(2) Histoire de l'ordre de Saint-Louis, par M. d'Aspect, t. 3, p. 225.

» particulièrement.

» particulièrement. Ainsi je me suis informé
» avec soin de sa famille; et quoique je n'aie
» pas coutume de vous envoyer des généalogies
» aussi étendues que le sera celle-ci, surtout
» lorsqu'il ne s'agit ni de mariage ni de mort,
» je vous ai marqué plus d'une fois que quand
» il serait question de maisons étrangères éta-
» blies en France, je vous en parlerais toujours
» amplement, parce qu'elles y sont moins con-
» nues. C'est ce qui m'engage à vous parler de
» celle de Fortia, dont est issu le marquis de
» Forville-Piles (1) ».

Alfonse de Fortia commanda en 1706 les six galères qui furent envoyées à Naples, où il eut l'honneur de recevoir, dans sa galère, Philippe V, roi d'Espagne; mais le mauvais tems ayant obligé sa majesté catholique de relâcher à Antibes pour prendre le chemin de terre, le marquis de Forville continua sa route avec ses galères, arriva à Marseille avant le roi, vint à sa rencontre, et eut l'honneur d'entrer à cheval dans Marseille, à côté de sa majesté catholique.

Il mourut sans postérité en 1710.

6. Joseph de Fortia, reçu chevalier de Malte en 1657, fut lieutenant au régiment des Gardes-

---

(1) Mercure galant de janvier 1696, p. 174 et 175.

Françaises, puis capitaine de galère, et mourut à Messine, sur la galère commandée par le marquis de Forville son frère, dont il était lieutenant.

7. Jeanne de Fortia épousa Annibal de Grasse, comte du Bar, fils de Charles de Grasse, comte du Bar, et de Marguerite de Grimaldi du Beuil (1). Les armes de la famille de Grasse, sont d'or, à un lion de sable, armé, couronné et lampassé de gueules.

8. Marie de Fortia est morte religieuse.

IX. Charles-Bernard de Fortia, fils de Paul II et de Marguerite de Couvet, fut seigneur et baron de Baumes, marquis de Sainte-Jalle, seigneur de Piles, de Forville, de Saint-Marcellin et autres places.

Il signala sa valeur en Flandre, dans l'armée commandée par le maréchal d'Aumont, et particulièrement aux lignes d'Arras. Il épousa, en 1667, Marie de Tholon de Sainte-Jalle, héritière de la maison de Sainte-Jalle, fille unique et héritière de Jean-Antoine, seigneur de Sainte-Jalle, de Saint-Marcellin et du Poët, et de Louise de Bonne d'Auriac. La branche des aînés de cette maison de Tholon finit en elle. C'est de la même branche qu'était sorti Didier de Tholon de Sainte-Jalle, élu grand-maître de

---

(1) Mercure galant de janvier 1696, p. 203 et 204.

Malte le 17 novembre 1535. Il était frère de Marc de Tholon, seigneur de Sainte-Jalle (*Sancta-Jalla*), qui fit son testament l'an 1539. Louise de Bonne, mère de Marie de Tholon, était fille du marquis d'Auriac, cousin-germain du connétable de Lesdiguières.

Leurs enfans furent:

1. Joseph de Fortia, qui suit.

2. Gabrielle-Marie de Fortia, dame de Saint-Marcellin, épousa Louis-Bernard, marquis de Taulignan et de Puymeras.

3. Charles de Fortia, mort jeune.

X. Joseph de Fortia, resté fils unique de Charles-Bernard et de Marie de Tholon, porta le nom de Tholon, et fut seigneur de Baumes et marquis de Sainte-Jalle. Il épousa, en 1699, Marie de Fortia d'Urban, fille de Paul et de Marie de Vissec de Ganges, dont il n'eut qu'une fille.

Marie de Fortia épousa Jean-Joseph-François-Dominique-Lazare de Coriolis, marquis de Limaye, seigneur de la Bastide-des-Jourdans, président à la chambre des comptes, puis au parlement d'Aix. Elle en eut un fils, appelé le marquis de Limaye, qui épousa Mlle. de Villardi de Quinson, fille du comte de Quinson; et une fille, mariée au marquis de Lussan. Marie de Fortia de Piles de Tholon, marquis de Sainte-Jalle, testa en 1767, notaire Perrin, d'Aix, et établit une substitution dans sa descendance. Le 24 août 1784, notaire Jean-Antoine Perrin, d'Aix, Joseph-Paul-Pie-Ignace de Coriolis, chevalier, baron de Limaye, marquis de Sainte-Jalle, seigneur de la Bastide des Jourdans, du Poët, Sigillat, Clermont, la Cavalerie et autres places, fils de Marie de Fortia, par son dernier testament, institua sa légataire et usufruitière universelle, Marie-Thérèse-Delphine-Flavie de Villardi de Quinson, sa femme, et son héritier, son fils, auquel il substitua sa sœur, et à son défaut, tel de ses parens qu'il plairait à sa sœur de nommer; et si elle ne recueillait point, sa femme, et après elle, tel de ses parens à lui, qu'il plairait à sa femme de nommer; défendant à son fils de rien réclamer sur la substitution de Sainte-Jalle, faite en 1767 par Marie de Fortia. Le 19 mai 1789, le jeune Limaye étant mort, la marquise de Lussan écrivit à sa belle-sœur, la marquise de Limaye, pour réclamer la terre de Sainte-Jalle, en vertu de la substitution de 1767. Elles ont transigé entr'elles. Les armes de la famille de Coriolis étaient d'azur à deux chevrons d'or, accompagnés d'une rose d'argent en pointe.

E. *Seigneurs de Piles, devenus barons de Baumes, puis ducs de Fortia, à Marseille.*

IX. Paul III de Fortia, second fils de Paul II et de Marguerite de Couvet, naquit à Baumes en 1633. Il fut seigneur et marquis de Piles, seigneur de Peyruis, Piousin, Auges, Montfort, Costechaude et autres places.

Il fut reçu chevalier de Malte en 1640, et porta, du vivant de son père, le titre de seigneur de Costechaude. En 1660, il fut pourvu du gouvernement des places du château d'If, Ratonneau, Pommègues et îles de Marseille. Il en prêta le serment entre les mains du chancelier, qui lui dit : « Ce n'est que par forme que je re- » çois votre serment ; car la maison de Fortia a » toujours été fidèle à la France (1) ».

Il quitta la croix de Malte pour épouser, par contrat du 2 mars 1675, Geneviève de Vento des Pennes, fille de Marc-Antoine, seigneur et marquis des Pennes, et de Renée de Forbin-Janson, sœur aînée du cardinal de ce nom. La famille de Vento portait échiqueté d'argent et de gueules.

---

(1) Histoire de Marseille, par MM. de Ruffy père et fils, 1669, p. 291, liv. 13, art. 14.

Il acquit, en 1689, la baronie de Peyruis, en Provence, et eut de Geneviève de Vento :

1. Louis-Alfonse, qui suit.

2. Toussaint de Fortia, né en 1678, fut reçu chevalier de Malte, et porta le nom de chevalier de Piles. Il fut reçu page aux écuries du roi en 1694, et entra dans les Mousquetaires de sa majesté, où il servait en 1696 (1).

Il fut nommé, en 1713, lieutenant de la galère dite *Réale*, et capitaine de galère, le 5 avril 1728; chef d'escadre des galères, le 1er. janvier 1747; chef d'escadre des armées navales, le 1er. janvier 1748; commandeur de l'ordre de Saint-Louis, le 1er. avril de la même année, et commandant de la marine, à Marseille, en 1749. Il mourut dans cette ville en 1760, jouissant encore de cette place.

3. Marthe de Fortia, mariée avec Joseph-Hubert de Vintimille, seigneur de Saissons, qui portait de gueules au chef d'or.

4. Anne de Fortia, qui épousa N. d'Agoût, marquis d'Obières.

5. Geneviève de Fortia, mariée en 1711, avec Louis-François d'Urre, chevalier de l'ordre royal et militaire de Saint-Louis, et capitaine au

---

(1) Mercure galant de janvier 1696, p. 201.

régiment du Roi, infanterie. Il portait d'argent à la bande de gueules, chargée de trois étoiles d'or. Geneviève mourut en 1726.

6 et 7. Deux autres filles, religieuses du Saint-Sacrement, à Marseille.

X. Louis-Alfonse de Fortia, fils de Paul III et de Geneviève de Vento, naquit en 1676, et fut baron de Baumes et de Peyruis, et seigneur de Piles. Il porta d'abord le nom de chevalier de Piles, ensuite celui de marquis de Piles.

Il était page aux écuries du roi de France Louis XIV, en 1694; au sortir des pages, il entra dans les mousquetaires de sa majesté, où il servait encore en 1696. Il fut depuis capitaine dans le régiment du Roi, et fut pourvu, le 5 janvier 1707, du gouvernement des places du château d'If et îles adjacentes, sur la démission du sieur de Costechaude, son père. Les appointemens de ce gouvernement étaient de 7,500 liv. Le marquis de Piles devint gouverneur-viguier perpétuel de Marseille, et lieutenant de roi en Provence, en 1708, après la mort du marquis de Forville, son oncle.

Il épousa, en 1710, Élisabeth de Flotte, qui portait lozangé d'argent et de gueules, au chef d'or, de laquelle il eut plusieurs enfans.

Il rendit de grands services à sa patrie, surtout pendant la dernière peste. Ce fut en considération de ces derniers services rendus pendant la contagion, que ses appointemens, comme gouverneur du château d'If, furent augmentés le 1er. janvier 1721, de 7,500 liv., sans tirer à conséquence pour ses successeurs. Le roi lui accorda encore, en 1722, une gratification considérable, et la survivance de sa charge pour son fils, et de capitaine de galère en 1725. Il mourut en 1729. Ses enfans furent:

1. Toussaint-Alfonse, qui suit.
2. Un fils mort en bas âge.
3. Une fille morte jeune.
4. Élizabeth de Fortia, mariée en 1728, avec Jean-Baptiste de la Salle, marquis de Villages-Villevieille, qui portait d'argent à deux triangles entrelacés de sable, et un cœur de gueules en abime.
5. N*. de Fortia, épouse de M. de Boisson.
6. Une quatrième fille, religieuse au monastère du Saint-Sacrement, à Marseille.

XI. Toussaint-Alfonse, ou Alfonse II de Fortia, fils de Louis-Alfonse et d'Élizabeth de Flotte, naquit le 14 juillet 1714. Il fut baron de Baumes, Peyruis, etc., et porta d'abord le titre de marquis de Piles, puis celui de duc de Fortia.

En 1723, dès l'âge de neuf ans, Toussaint-Alfonse fut pourvu de la charge de gouverneur viguier de Marseille, en survivance de son père. Ses provisions portent : « Que ledit Al- » fonse », son père, « a rendu des services » considérables pendant que la ville de Mar- » seille a été affligée de la maladie contagieuse; » desquels services », y est-il dit au nom du roi, « il nous reste une entière satisfaction ». Il fut de plus en même tems nommé lieutenant de roi, en Provence. C'était le quatrième de sa maison qui fut capitaine-gouverneur-viguier de Marseille. Il fut installé dans cette charge, n'ayant pas encore douze ans le 1er. mai 1726, et fit son entrée publique dans la ville de Marseille ce jour-là, comme le dit le *Mercure* de juin 1726 (1).

Il servit d'abord dans la première compagnie des mousquetaires de la garde du roi, puis dans l'armée d'Italie, en qualité d'aide-de-camp du maréchal de Villars, après la mort duquel, arrivée le 17 juin 1734, il fit les mêmes fonctions auprès de M. le prince de Conti, dans l'armée d'Allemagne.

En 1735, il épousa Anne d'Entrechaux (2),

---

(1) Page 1181.

(2) L'auteur de l'Histoire de la noblesse du Comté-Vénaissin, Paris, 1750, t. 4, p. 622, la croit du nom de Geoffroi.

de la ville d'Hières, fille d'un conseiller au parlement d'Aix ou de Provence, qui était né le même jour que lui. Il en eut un fils et trois filles. Après la mort de Mlle. d'Entrechaux, arrivée en 1764, il épousa en secondes noces Mlle. de Jarente, sœur de M. l'évêque d'Orléans, et veuve de M. de Felix. La terre de Baumes ayant été érigée en duché par le pape, il quitta le titre de marquis de Piles, pour prendre celui de duc de Fortia.

Il n'eut point d'enfans de sa seconde femme, qu'il perdit en 1786, et après la mort de laquelle il en épousa une troisième, appelée Mlle. de Bastin, morte sept mois avant lui, en juin 1800. Il est mort en janvier 1801.

Les enfans qu'il a eus de sa première femme, sont :

1. Alfonse-Toussaint-Joseph, qui suit.

2. Denise de Fortia, née le 9 octobre 1739, fut mariée à M. de Beauregard, de qui elle a laissé, après elle, quatre garçons, et une fille, épouse de M. de Calissane, avocat général au parlement de Provence.

3 et 4. Deux filles, mortes en bas âge.

XII. Alfonse-Toussaint-Joseph de Fortia, fils de Toussaint-Alfonse et d'Anne d'Entrechaux, naquit le 23 novembre 1735, et porta le titre de comte de Piles. Il entra en 1750 dans le régiment d'infanterie du Roi, et en 1754 il fut pourvu en survivance de la charge de gouverneur-viguier de la ville de Marseille. Il épousa, en 1756, Marie-Gabrielle-Rosalie de Coriolis d'Espinouse, fille d'un président à mortier au parlement de Provence, de laquelle il eut cinq enfans.

Du régiment du Roi, il passa en 1762 dans celui des Grenadiers de France où il eut rang de colonel. En 1770, il fut nommé gouverneur de Balaguier, et en 1774 il fut adjoint à son père dans le gouvernement de Marseille. Il avait obtenu dès l'an 1771, à la réforme des Grenadiers de France, le régiment provincial d'Aix, qu'il quitta pour devenir brigadier des armées du roi, et successivement en décembre 1781, maréchal des camps et armées de sa majesté.

Son épouse testa le 5 juillet 1782, aux écritures de M⁰. Grosson, notaire à Marseille. Elle y nomme ses deux fils héritiers sous diverses conditions. Elle mourut le 10 du même mois; son mari lui a survécu plusieurs années, étant mort lui-même, en juin 1791, avant son père. Ses enfans sont :

1. Alfonse-Toussaint-Joseph-André-Marie-Marseille de Fortia de Piles, qui suit.

2. Une fille née en 1760, morte en 1767.

3. Un fils mort peu après sa naissance.

4. Un fils mort à neuf ans, en 1774, à Lisle dans le Comté-Vénaissin.

5. Alfonse-Nicolas-Joseph-Marie-Bruno de Fortia, né en juin 1766, fut reçu chevalier de Malte en mars 1775. Il entra, le 12 octobre 1780, dans la compagnie des cadets-gentilshommes de l'École-Royale-Militaire, d'où il sortit au mois de juin 1783, avec un brevet de sous-lieutenant dans le régiment d'Artois, infanterie. En 1786, il fit ses caravanes à Malte, et il est mort en 1805.

XIII. Alfonse-Toussaint-Joseph-André-Marie-Marseille de Fortia de Piles, fils aîné d'Alfonse-Toussaint-Joseph et de Marie-Gabrielle-Rosalie de Coriolis, né le 18 août 1758, fut pourvu, dès l'an 1767, de la charge de gouverneur-viguier de Marseille, en survivance de son père et de son grand-père. Il fut reçu et fit son entrée en cette qualité les 3 et 5 janvier 1779. On l'appelait, avant la révolution de 1789, le comte de Fortia.

Il entra au service, le 1er. octobre 1773, dans les Chevau-légers de la garde du roi, et en juin 1776, dans le régiment d'infanterie du Roi, où il était lieutenant lors de la révolution de

1789 qui a dissous ce corps. Il a publié un grand nombre d'ouvrages, dont le principal est un Voyage au nord de l'Europe, en cinq volumes in-8°., distingué surtout par l'exactitude que l'on rencontre si rarement dans ce genre très-utile de composition.

Alfonse-Toussaint, etc. de Fortia a épousé en 1786 Mlle. de Cabre, fille de M. de Cabre, président à mortier au parlement d'Aix, de laquelle il a eu :

1. Une fille appelée Caroline, qui est auprès de sa mère, à Roquevaire.

2. Un fils, né le 8 décembre 1789, à onze heures et demie du soir. Il fut tenu sur les fonts de batême à Marseille, par M. le comte de Caraman, commandant de la province, et par Mme. la duchesse de Fortia de Piles (née de Bastin), troisième femme de Toussaint-Alfonse II de Fortia, bisaïeul du batisé. Il est mort en 1791.

3. Un second fils, né en avril 1793, mort à Lisle, dans le département de Vaucluse en 1794.

4. Une seconde fille, nommée Philippine, qui est auprès de sa mère, avec sa sœur aînée, à Roquevaire.

Les armes de la famille de Fortia sont

d'azur à une tour ronde, bâtie sur sept petits rochers, le tout d'or, crénelé et maçonné de sable, soutenu par deux lions grimpans, avec cette belle devise : *Turris fortissima virtus ;* la Tour la plus forte, c'est la Vertu.

FIN.

TABLE
DES MATIÈRES.

Histoire de la maison de Fortia.

Chapitre premier. Avant le treizème siècle, *page* 1.

Chapitre second. Histoire de la famille de Fortia pendant le treizième siècle, *p.* 23.

Chapitre troisième. Histoire de la famille de Fortia depuis le commencement du quatorzième siècle jusqu'au mariage de don Pèdre IV, roi d'Aragon, et de Sibille de Fortia, *p.* 82.

Chapitre quatrième. Histoire de le famille de Fortia, *p.* 89.

Le chevalier de Fortia et ses trois enfans, *p.* 90.

I. Bernard I de Fortia et ses enfans, *p.* 91.

L'histoire de Sibille de Fortia, reine d'Aragon, est comprise dans cet article, *p.* 92.

II. Jean I de Fortia, *p.* 120.

III. Jean II de Fortia, *p.* 121.

IV. Marc-Antoine de Fortia et ses enfans, *p.* 122.

V. Bernard II de Fortia et ses enfans, *p.* 125.

Branche des seigneurs de Chailli, à Paris, *p.* 129.

VI. François de Fortia et ses enfans, *Ibid.*

VII. François II de Fortia et ses enfans, *p.* 130.

VIII Charles de Fortia, seigneur de Chailli, *p.* 131.

IX. Charles-Joseph de Fortia, seigneur de Chailli et ses enfans, *p.* 132.

X. Jean-Joseph de Fortia et ses enfans, *page* 134.
XI. Jean-Charles de Fortia, *p.* 135.
A. Branche des seigneurs du Plessis-Fromentières, issue des seigneurs de Chailli, à Paris, *p.* 136.
VI. Bernard III de Fortia et ses enfans, *ibid.*
VII. Bernard IV de Fortia et ses enfans, *p.* 137.
VIII. François de Fortia et ses enfans, *p.* 138.
IX. Bernard V de Fortia et ses enfans, *p.* 140.
X. Jacques de Fortia, *p.* 142.
B. Branche de la famille de Fortia, établie à Avignon, à Carpentras et à Caderousse, *ibid.*
V. Jean III de Fortia, ou Jean-François de Fortia, *ibid.*
Charles de Fortia, gouverneur du Pont de Sorgues, *p.* 147.
François de Fortia, *p.* 150.
Pompone de Fortia, *p.* 152.
Françoise de Fortia, femme de Pierre Labia, *ibid.*
Jeanne de Fortia, femme de Benoît Bertrandi, *ibid.*
VI. Marc II de Fortia, co-seigneur de Caderousse, etc. *p.* 153.
Isabelle-Jérôme de Fortia, épouse de Jean de Patris, *p.* 156.
François-Louis de Fortia, *ibid.*
Autre François-Louis de Fortia, *ibid.*
VII. Giles de Fortia, seigneur d'Urban et co-seigneur de Caderousse, *ibid.*
Isabeau de Fortia, mariée, 1°. à M. de Concoules; 2°. à Joachim de Grimoard de Beaumont, baron de Brison, *p.* 160.
Camille de Fortia, seigneur de Vaubelle, *ibid.*
Paul de Fortia, prieur de Salètes, *ibid.*
Jean-Baptiste de Fortia, *ibid.*

Marc de Fortia, *p.* 161.

Susanne de Fortia, *ibid.*

George de Fortia, doyen du chapitre de Roquemaure, *ibid.*

VIII. Louis I de Fortia, seigneur d'Urban et co-seigneur de Caderousse, *ibid.*

Paul de Fortia, prévôt de l'église d'Orange et de celle de Carpentras, *p.* 162.

Charles de Fortia, *ibid.*

Catherine de Fortia, supérieure à Valence et à Tournon, *ibid.*

Rostaing de Fortia, *ibid.*

Camille de Fortia, *p.* 163.

Lucrèce de Fortia, *ibid.*

Jean-Baptiste de Fortia, chevalier de Malte, *ibid.*

Anonime de Fortia, *ibid.*

Jean-François de Fortia, célestin, *ibid.*

Lucrèce de Fortia, supérieure à Arles, *ibid.*

François de Fortia d'Urban, gouverneur de Montlouis, *ibid.*

Joachim de Fortia, *p.* 167.

Giles de Fortia, *ibid.*

Marie de Fortia, *ibid.*

Charles de Fortia, doyen du chapitre de Roquemaure, *ibid.*

Françoise de Fortia, *ibid.*

IX. Louis II de Fortia, seigneur d'Urban et co-seigneur de Caderousse, *p.* 168.

Jeanne Louise de Fortia, *p.* 169.

Anonime de Fortia, *ibid.*

Gabrielle de Fortia, *ibid.*

Louis de Fortia, *ibid.*

Marie de Fortia, *p.* 169.
Jeanne de Fortia, *p.* 170.
Isabeau-Gasparde de Fortia, *ibid.*
Jacques-Joseph de Fortia, comte d'Urban, *ibid.*
X. Paul de Fortia, marquis d'Urban, *p.* 173.
Marie de Fortia, épouse de Paul-Joseph de Fortia, marquis de Sainte-Jalle, *p.* 176.
Françoise de Fortia, *ibid.*
Jeanne-Isabeau de Fortia, religieuse, *ibid.*
Catherine de Fortia, épouse de Dominique, marquis de Caux, *p.* 177.
Françoise-Victoire-Sibille de Fortia, épouse de Louis de Seguins de Pazzis, marquis d'Aubignan, *ibid.*
Alexandre de Fortia, doyen de Roquemaure, *p.* 178.
Henri de Fortia chevalier d'Urban, *ibid.*
XI. François de Fortia, marquis d'Urban, *ibid.*
Paul-Marc de Fortia, *p.* 181.
Marie-Christine-Joséphine-Thérèse de Fortia, appelée Mlle. d'Urban, *p.* 182.
XII. Hercules-Paul-Catherine, marquis de Fortia, *ibid.*
Pauline de Fortia, *p.* 185.
XIII. Agricol-Joseph-François-Xavier-Pierre-Esprit-Simon-Paul-Antoine de Fortia d'Urban, *p.* 186.
— Son contrat de mariage avec Julie-Gabrielle-Marie-Jacqueline des Achards de Sainte-Colombe, *p.* 187.
C. Branche de Fortia-Montréal, à Pernes et à Avignon, *p.* 204.
VII. Jean de Fortia, seigneur de Montréal, *ibid.*
Marguerite de Fortia, épouse de George de Baroncelli, seigneur de Javon, *p.* 206.
Félise de Fortia, épouse de Paul-Charles de Fougasse, seigneur de la Rouyère, *ibid.*

Catherine de Fortia, épouse de Jean-Scipion de Pol, seigneur de Saint-Tronquet, *p.* 206.

VIII. Paul de Fortia, seigneur de Montréal et de la Garde, *ibid.*

Catherine de Fortia, religieuse, *p.* 209.

Marguerite de Fortia, religieuse, *ibid.*

Louis de Fortia, évêque de Cavaillon, puis de Carpentras, *ibid.*

Dominique de Fortia, chevalier de Malte, *p.* 211.

Charles de Fortia, *p.* 212.

Louise de Fortia, épouse de Paul de Seytres, seigneur de Caumont, *ibid.*

Henri de Fortia, prieur de Saint-André de Rosans, *ibid.*

Laurens de Fortia, chevalier de Malte, *ibid.*

IX. Gaspar de Fortia, seigneur de Montréal et de la Garde, *p,* 213.

François de Fortia, mort jeune, *p.* 215.

Jean-Louis de Fortia, grand vicaire de Bourges, *ibid.*

Paul-François de Fortia, chevalier de Malte, *ibid.*

Catherine de Fortia, épouse de Louis de Seytres, comte de Caumont, *ibid.*

Christine-Thérèse de Fortia, *ibid.*

Anne et Madeleine de Fortia, religieuses, *ibid.*

X. Jules de Fortia, seigneur de Montréal, la Garde, etc., dit le marquis de Fortia, *ibid.*

N**. de Fortia, *p.* 217.

Victoire de Fortia, abbesse de Soyon, *ibid.*

N**. de Fortia, religieuse carmélite, *ibid.*

Deux autres filles, *ibid.*

XI. Gaspar II de Fortia, seigneur de la Garde, Saint-Tronquet, etc., marquis de Montréal, *ibid.*

N..... de Fortia, *p.* 218.

Françoise - Gabrielle - Charlotte de Fortia, épouse de Joseph-Louis-Marie de Galéan, duc de Gadagne, *p.* 218.

Gabrielle-Thérèse de Fortia, épouse d'Anne-Joseph de Louet de Murat de Nogaret, marquis de Calvisson, *p.* 220.

D. Branches des barons de Baumes, seigneurs de Piles et de Sainte-Jalle, à Carpentras et à Marseille, *ibid.*

VII. Paul de Fortia, seigneur de Piles, *ibid.*

Une fille, morte jeune, *p.* 224.

Sibille de Fortia, épouse, 1°. de M. de Noyers; 2°. de Paul-Aldonce de Thézan, marquis de Vénasque, *p.* 224.

Charlotte de Fortia, épouse, 1°. de Gui Robin, seigneur de Graveson; 2°. de Paul de Mistral, seigneur de Montdragon, *p.* 225.

Ludovic de Fortia, baron de Baumes, *p.* 226.

Gaspar de Fortia, seigneur de Costechaude, *ibid.*

Joseph de Fortia, seigneur de Forville, *p.* 227.

VIII. Paul II de Fortia, seigneur de Piles, *ibid.*

Gaspar de Fortia, dit le chevalier d'Aubres, *p.* 239.

Alexandre de Fortia, prieur de Saint-Mai et de Rémusat, *ibid.*

Alfonse de Fortia, marquis de Forville, gouverneur de Marseille et chef d'escadre, *ibid.*

Joseph de Fortia, *p.* 241.

Jeanne de Fortia, épouse d'Annibal de Grasse, comte du Bar, *p.* 242.

Marie de Fortia, religieuse, *ibid.*

IX. Charles - Bernard de Fortia, marquis de Sainte-Jalle, *ibid.*

Gabrielle-Marie de Fortia, épouse de Louis-Bernard, marquis de Taulignan, *p.* 243.

TABLE DES MATIÈRES. 261

Charles de Fortia, *p.* 243.

X. Joseph de Fortia de Tholon, marquis de Sainte-Jalle, *ibid.*

Marie de Fortia de Sainte-Jalle, épouse de Jean-Joseph-François-Dominique-Lazare de Coriolis, marquis de Limaye, *ibid.*

E. Seigneurs de Piles, devenus barons de Baumes, puis ducs de Fortia, à Marseille, *p.* 245.

IX. Paul III de Fortia, seigneur de Costechaude, *ibid.*

Toussaint de Fortia, chevalier de Piles, *p.* 246.

Marthe de Fortia, épouse de Joseph-Hubert de Vintimille, *ibid.*

Anne de Fortia, épouse de N. d'Agoût, marquis d'Obières, *ibid.*

Geneviève de Fortia, épouse de Louis-François d'Urre, *ibid.*

Deux autres filles, religieuses, *p.* 247.

X. Louis-Alfonse de Fortia, marquis de Piles, *ibid.*

Un fils mort en bas âge, *p.* 248.

Une fille morte jeune, *ibid.*

Elisabeth de Fortia, épouse de Jean-Baptiste de la Salle, marquis de Villages-Villevieille, *ibid.*

N*. de Fortia, épouse de M. de Boisson, *ibid.*

Une fille, religieuse, *ibid.*

XI. Toussaint-Alfonse, duc de Fortia de Piles, *ibid.*

Denise de Fortia, mariée à M. de Beauregard, *p.* 250.

Deux filles, mortes en bas âge, *ibid.*

XII. Alfonse-Toussaint-Joseph de Fortia, comte de Piles, *ibid.*

Une fille, morte à sept ans, *p.* 252.

Un fils, mort en bas âge, *ibid.*

Un fils, mort à neuf ans, *ibid.*

Alfonse-Nicolas-Joseph-Marie-Bruno de Fortia, chevalier de Piles, *p.* 252.

XIII. Alfonse-Toussaint-Joseph-André-Marie-Marseille, comte de Fortia de Piles, *ibid.*

Caroline de Fortia, *p.* 253.

Un fils, mort jeune, *ibid.*

Un second fils, mort jeune, *ibid.*

Philippine de Fortia, *ibid.*

Armes de la famille de Fortia, *ibid.*

FIN DE LA TABLE DES MATIÈRES.

www.ingramcontent.com/pod-product-compliance
Lightning Source LLC
Chambersburg PA
CBHW062230180426
43200CB00035B/1628